はしがき

平成 30 年３月に告示された高等学校学習指導要領が，令和４年度から年次進行で本格的に実施されます。

今回の学習指導要領では，各教科等の目標及び内容が，育成を目指す資質・能力の三つの柱（「知識及び技能」，「思考力，判断力，表現力等」，「学びに向かう力，人間性等」）に沿って再整理され，各教科等でどのような資質・能力の育成を目指すのかが明確化されました。これにより，教師が「子供たちにどのような力が身に付いたか」という学習の成果を的確に捉え，主体的・対話的で深い学びの視点からの授業改善を図る，いわゆる「指導と評価の一体化」が実現されやすくなることが期待されます。

また，子供たちや学校，地域の実態を適切に把握した上で教育課程を編成し，学校全体で教育活動の質の向上を図る「カリキュラム・マネジメント」についても明文化されました。カリキュラム・マネジメントの一側面として，「教育課程の実施状況を評価してその改善を図っていくこと」がありますが，このためには，教育課程を編成・実施し，学習評価を行い，学習評価を基に教育課程の改善・充実を図るというＰＤＣＡサイクルを確立することが重要です。このことも，まさに「指導と評価の一体化」のための取組と言えます。

このように，「指導と評価の一体化」の必要性は，今回の学習指導要領において，より一層明確なものとなりました。そこで，国立教育政策研究所教育課程研究センターでは，「幼稚園，小学校，中学校，高等学校及び特別支援学校の学習指導要領等の改善及び必要な方策等について（答申）」（平成 28 年 12 月 21 日中央教育審議会）をはじめ，「児童生徒の学習評価の在り方について（報告）」（平成 31 年１月 21 日中央教育審議会初等中等教育分科会教育課程部会）や「小学校，中学校，高等学校及び特別支援学校等における児童生徒の学習評価及び指導要録の改善等について」（平成 31 年３月 29 日付初等中等教育局長通知）を踏まえ，令和２年３月に公表した小・中学校版に続き，高等学校版の「『指導と評価の一体化』のための学習評価に関する参考資料」を作成しました。

本資料では，学習評価の基本的な考え方や，各教科等における評価規準の作成及び評価の実施等について解説しているほか，各教科等別に単元や題材に基づく学習評価について事例を紹介しています。各学校においては，本資料や各教育委員会等が示す学習評価に関する資料などを参考としながら，学習評価を含むカリキュラム・マネジメントを円滑に進めていただくことで，「指導と評価の一体化」を実現し，子供たちに未来の創り手となるために必要な資質・能力が育まれることを期待します。

最後に，本資料の作成に御協力くださった方々に心から感謝の意を表します。

令和３年８月

国立教育政策研究所
教育課程研究センター長
鈴木　敏之

学習評価とは？

学習評価：学校での教育活動に関し，生徒の学習状況を評価するもの

学習評価を通して

- 教師が指導の改善を図る
- 生徒が自らの学習を振り返って次の学習に向かうことができるようにする

⇒評価を教育課程の改善に役立てる

学習評価について指摘されている課題

学習評価の現状について，学校や教師の状況によっては，以下のような課題があることが指摘されている。

- 学期末や学年末などの事後での評価に終始してしまうことが多く，評価の結果が児童生徒の具体的な学習改善につながっていない
- 現行の「関心・意欲・態度」の観点について，挙手の回数や毎時間ノートをとっているかなど，性格や行動面の傾向が一時的に表出された場面を捉える評価であるような誤解が払拭しきれていない
- 教師によって評価の方針が異なり，学習改善につなげにくい
- 教師が評価のための「記録」に労力を割かれて，指導に注力できない
- 相当な労力をかけて記述した指導要録が，次の学年や学校段階において十分に活用されていない

先生によって観点の重みが違うんです。授業態度をとても重視する先生もいるし，テストだけで判断するという先生もいます。そうすると，どう努力していけばよいのか本当に分かりにくいんです。

（中央教育審議会初等中等教育分科会教育課程部会児童生徒の学習評価に関するワーキンググループ第7回における高等学校三年生の意見より）

生徒の意見

カリキュラム・マネジメントの一環としての指導と評価 「主体的・対話的で深い学び」の視点からの授業改善と評価

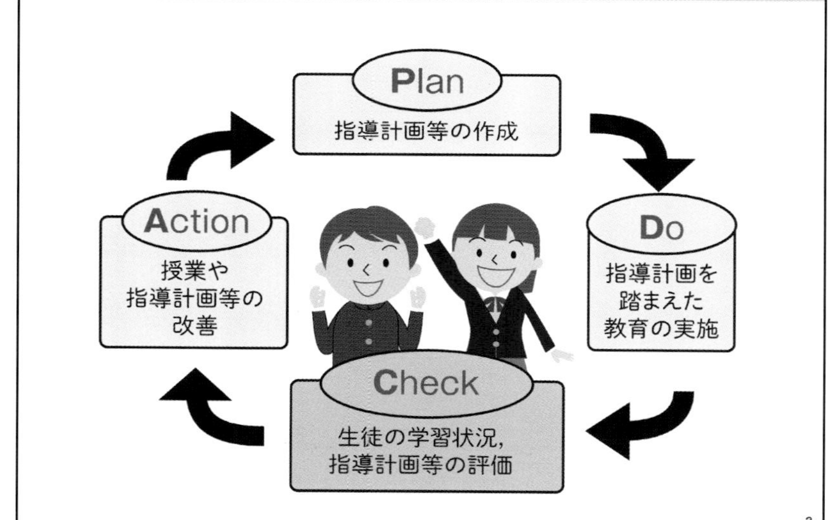

平成30年告示の学習指導要領における目標の構成

各教科等の「目標」「内容」の記述を，「知識及び技能」「思考力，判断力，表現力等」「学びに向かう力，人間性等」の資質・能力の３つの柱で再整理。

目　標

例えば，国語科では

平成21年告示高等学校学習指導要領

国語

第１款　目標

国語を適切に表現し的確に理解する能力を育成し，伝え合う力を高めるとともに，思考力や想像力を伸ばし，心情を豊かにし，言語感覚を磨き，言語文化に対する関心を深め，国語を尊重してその向上を図る態度を育てる。

平成30年告示高等学校学習指導要領

国語

第１款　目標

言葉による見方・考え方を働かせ，言語活動を通して，国語で的確に理解し効果的に表現する資質・能力を次のとおり育成することを目指す。

(1)生涯にわたる社会生活に必要な国語について，その特質を理解し適切に使うことができるようにする。【知識及び技能】

(2) 生涯にわたる社会生活における他者との関わりの中で伝え合う力を高め，思考力や想像力を伸ばす。【思考力，判断力，表現力等】

(3) 言葉のもつ価値への認識を深めるとともに，言語感覚を磨き，我が国の言語文化の担い手としての自覚をもち，生涯にわたり国語を尊重してその能力の向上を図る態度を養う。【学びに向かう力，人間性等】

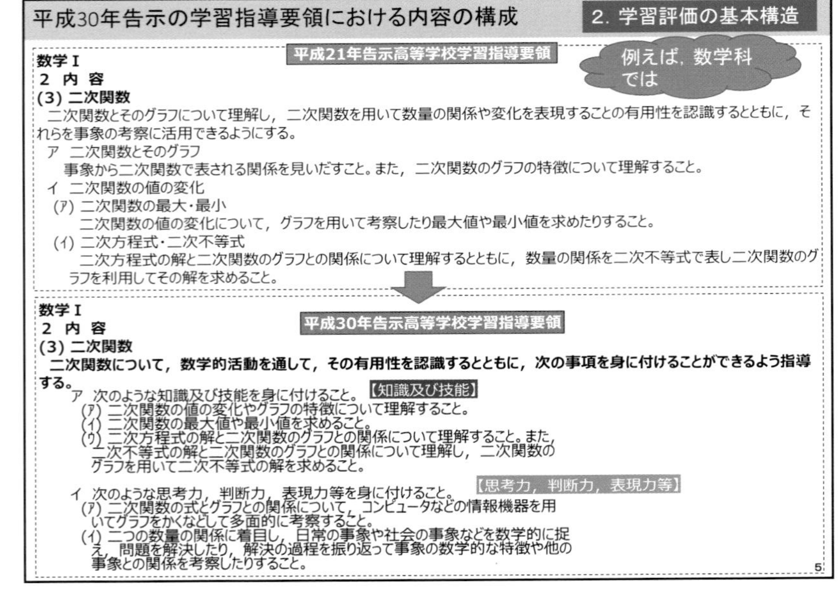

平成30年告示の学習指導要領における内容の構成

2. 学習評価の基本構造

例えば，数学科では

平成21年告示高等学校学習指導要領

数学Ⅰ
2 内 容
(3) 二次関数
二次関数とそのグラフについて理解し，二次関数を用いて数量の関係や変化を表現することの有用性を認識するとともに，それらを事象の考察に活用できるようにする。
ア 二次関数とそのグラフ
事象から二次関数で表される関係を見いだすこと。また，二次関数のグラフの特徴について理解すること。
イ 二次関数の値の変化
(ｱ) 二次関数の最大・最小
二次関数の値の変化について，グラフを用いて考察したり最大値や最小値を求めたりすること。
(ｲ) 二次方程式・二次不等式
二次方程式の解と二次関数のグラフとの関係について理解するとともに，数量の関係を二次不等式で表し二次関数のグラフを利用してその解を求めること。

平成30年告示高等学校学習指導要領

数学Ⅰ
2 内 容
(3) 二次関数
二次関数について，数学的活動を通して，その有用性を認識するとともに，次の事項を身に付けることができるよう指導する。
ア 次のような知識及び技能を身に付けること。【知識及び技能】
(ｱ) 二次関数の値の変化やグラフの特徴について理解すること。
(ｲ) 二次関数の最大値や最小値を求めること。
(ｳ) 二次方程式の解と二次関数のグラフとの関係について理解すること。また，二次不等式の解と二次関数のグラフとの関係について理解し，二次関数のグラフを用いて二次不等式の解を求めること。
イ 次のような思考力，判断力，表現力等を身に付けること。【思考力，判断力，表現力等】
(ｱ) 二次関数の式とグラフとの関係について，コンピュータなどの情報機器を用いてグラフをかくなどして多面的に考察すること。
(ｲ) 二つの数量の関係に着目し，日常の事象や社会の事象などを数学的に捉え，問題を解決したり，解決の過程を振り返って事象の数学的な特徴や他の事象との関係を考察したりすること。

5

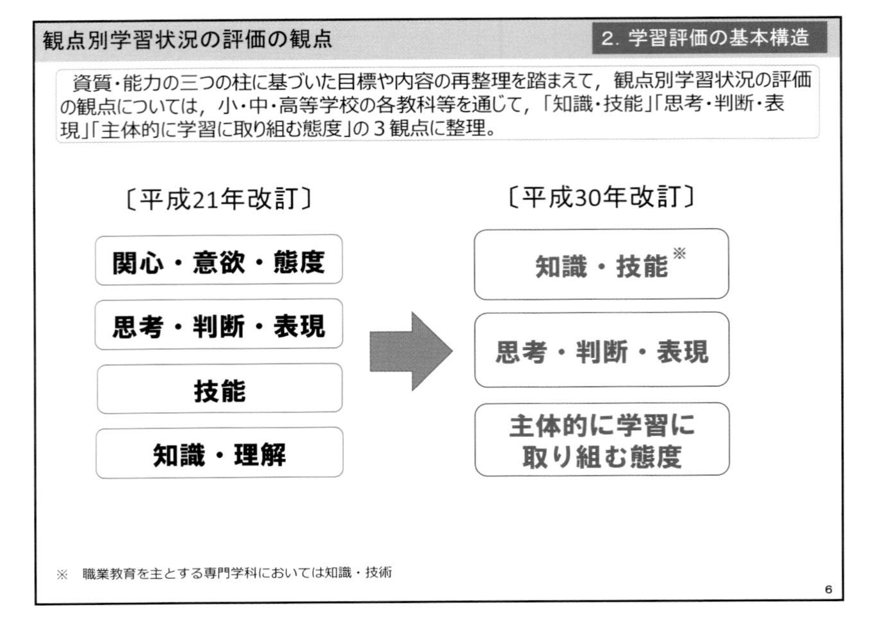

観点別学習状況の評価の観点

2. 学習評価の基本構造

資質・能力の三つの柱に基づいた目標や内容の再整理を踏まえて，観点別学習状況の評価の観点については，小・中・高等学校の各教科等を通じて，「知識・技能」「思考・判断・表現」「主体的に学習に取り組む態度」の３観点に整理。

〔平成21年改訂〕		〔平成30年改訂〕
関心・意欲・態度	→	**知識・技能**※
思考・判断・表現		**思考・判断・表現**
技能		**主体的に学習に取り組む態度**
知識・理解		

※ 職業教育を主とする専門学科においては知識・技術

6

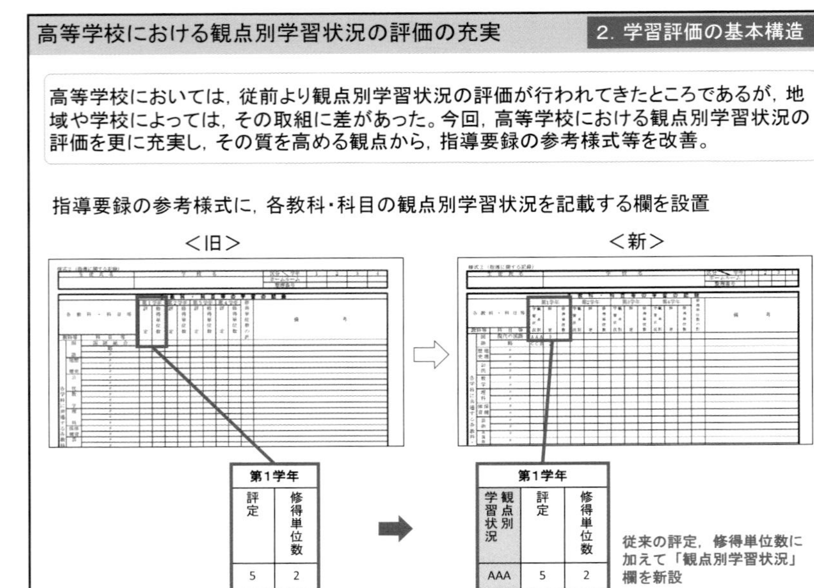

高等学校における観点別学習状況の評価の充実

2. 学習評価の基本構造

高等学校においては，従前より観点別学習状況の評価が行われてきたところであるが，地域や学校によっては，その取組に差があった。今回，高等学校における観点別学習状況の評価を更に充実し，その質を高める観点から，指導要録の参考様式等を改善。

指導要録の参考様式に，各教科・科目の観点別学習状況を記載する欄を設置

＜旧＞

第１学年	
評定	修得単位数
5	2

＜新＞

第１学年		
学習状況観点別	評定	修得単位数
AAA	5	2

従来の評定，修得単位数に加えて「観点別学習状況」欄を新設

7

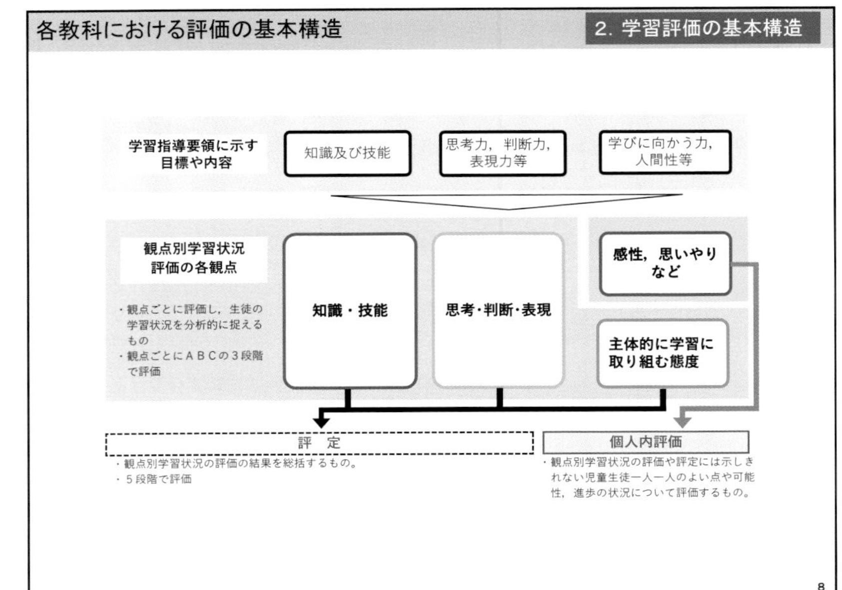

各教科における評価の基本構造

2. 学習評価の基本構造

学習指導要領に示す目標や内容
知識及び技能
思考力，判断力，表現力等
学びに向かう力，人間性等
観点別学習状況評価の各観点
・観点ごとに評価し，生徒の学習状況を分析的に捉えるもの
・観点ごとにＡＢＣの３段階で評価
知識・技能
思考・判断・表現
感性，思いやりなど
主体的に学習に取り組む態度
評　定
・観点別学習状況の評価の結果を総括するもの。
・５段階で評価
個人内評価
・観点別学習状況の評価や評定には示しきれない児童生徒一人一人のよい点や可能性，進歩の状況について評価するもの。

8

「知識・技能」の評価

3. 各教科の学習評価

次のような工夫が考えられる

- ●授業において
  それぞれの教科等の特質に応じ，観察・実験をしたり，式やグラフで表現したりするなど学習した知識や技能を用いる場面を設け評価
- ●ペーパーテストにおいて
  事実的な知識の習得を問う問題と知識の概念的な理解を問う問題とのバランスに配慮して出題し評価

9

「思考・判断・表現」の評価

3. 各教科の学習評価

次のような工夫が考えられる

- ●ペーパーテストにおいて，出題の仕方を工夫して評価
- ●論述やレポートを課して評価
- ●発表やグループでの話合いなどの場面で評価
- ●作品の制作などにおいて多様な表現活動を設け，ポートフォリオを活用して評価

10

「主体的に学習に取り組む態度」の評価

3. 各教科の学習評価

学びに向かう力，人間性等

観点別学習状況の評価にはなじまない部分（感性，思いやり等） ㋑

個人内評価（生徒一人一人のよい点や可能性，進歩の状況について評価するもの）等を通じて見取る。

※ 特に「感性や思いやり」など生徒一人一人のよい点や可能性，進歩の状況などについては，積極的に評価し生徒に伝えることが重要。

「主体的に学習に取り組む態度」として観点別学習状況の評価を通じて見取ることができる部分 ㋐

知識及び技能を獲得したり，思考力，判断力，表現力等を身に付けたりすることに向けた粘り強い取組の中で，自らの学習を調整しようとしているかどうかを含めて評価する。

「学びに向かう力，人間性等」には，㋐主体的に学習に取り組む態度として観点別学習状況の評価を通じて見取ることができる部分と，㋑観点別学習状況の評価や評定にはなじまない部分がある。

11

「主体的に学習に取り組む態度」の評価

3. 各教科の学習評価

「主体的に学習に取り組む態度」の評価のイメージ

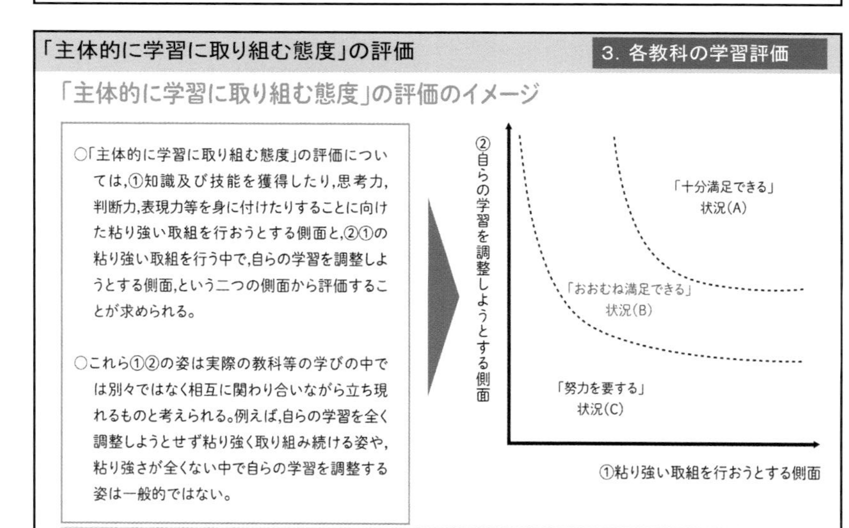
○「主体的に学習に取り組む態度」の評価については，①知識及び技能を獲得したり，思考力，判断力，表現力等を身に付けたりすることに向けた粘り強い取組を行おうとする側面と，②①の粘り強い取組を行う中で，自らの学習を調整しようとする側面，という二つの側面から評価することが求められる。
○これら①②の姿は実際の教科等の学びの中では別々ではなく相互に関わり合いながら立ち現れるものと考えられる。例えば，自らの学習を全く調整しようとせず粘り強く取り組み続ける姿や，粘り強さが全くない中で自らの学習を調整する姿は一般的ではない。
②自らの学習を調整しようとする側面
「十分満足できる」状況(A)
「おおむね満足できる」状況(B)
「努力を要する」状況(C)
①粘り強い取組を行おうとする側面

「主体的に学習に取り組む態度」については，①知識及び技能を獲得したり，思考力，判断力，表現力等を身に付けたりすることに向けた粘り強い取組の中で，②自らの学習を調整しようとしているかどうかを含めて評価する。

12

「主体的に学習に取り組む態度」の評価

●「自らの学習を調整しようとする側面」について

自らの学習状況を振り返って把握し，学習の進め方について試行錯誤する（微調整を繰り返す）などの意思的な側面

指導において次のような工夫も大切

■生徒が自らの理解状況を振り返ることができるような発問を工夫したり指示したりする

■内容のまとまりの中で，話し合ったり他の生徒との協働を通じて自らの考えを相対化するような場面を設ける

◎ここでの評価は，生徒の学習の調整が「適切に行われているか」を必ずしも判断するものではない。
学習の調整が適切に行われていない場合には，教師の指導が求められる。

観点別評価の進め方

「内容のまとまりごとの評価規準」を作成する → 単元（題材）の目標を作成する → 単元（題材）の評価規準を作成する

→ 指導と評価の計画を立てる → 授業（指導と評価）を行う → 評価の総括を行う

総括に用いる評価の記録については，場面を精選する

※ 職業教育を主とする専門学科においては，学習指導要領の規定から，「〔指導項目〕ごとの評価規準」とする。

学習評価を行う上での各学校における留意事項①

評価の方針等の生徒との共有

学習評価の妥当性や信頼性を高めるとともに，生徒自身に学習の見通しをもたせるため，学習評価の方針を事前に生徒と共有する場面を必要に応じて設ける。

観点別学習状況の評価を行う場面の精選

観点別学習状況の評価に係る記録は，毎回の授業ではなく，単元や題材などの内容や時間のまとまりごとに行うなど，評価場面を精選する。

※日々の授業における生徒の学習状況を適宜把握して指導の改善に生かすことに重点を置くことが重要。

外部試験や検定等の学習評価への利用

外部試験や検定等（高校生のための学びの基礎診断の認定を受けた測定ツールなど）の結果を，指導や評価の改善につなげることも重要。

※外部試験や検定等は，学習指導要領の目標に準拠したものでない場合や内容を網羅的に扱うものでない場合があることから，教師が行う学習評価の補完材料である（外部試験等の結果そのものをもって教師の評価に代えることは適切ではない）ことに十分留意が必要であること。

学習評価を行う上での各学校における留意事項②

学校全体としての組織的かつ計画的な取組

教師の勤務負担軽減を図りながら学習評価の妥当性や信頼性が高められるよう，
学校全体としての組織的かつ計画的な取組を行うことが重要。

※例えば以下の取組が考えられる。

・教師同士での評価規準や評価方法の検討，明確化
・実践事例の蓄積・共有
・評価結果の検討等を通じた教師の力量の向上
・校内組織（学年会や教科等部会等）の活用

目次

※本冊子については，改訂後の常用漢字表（平成 22 年 11 月 30 日内閣告示）に基づいて表記しています（学習指導要領及び初等中等教育局長通知等の引用部分を除く）。

〔巻頭資料（スライド）について〕

巻頭資料（スライド）は，学習評価に関する基本事項を簡潔にまとめたものです。巻頭資料の記載に目を通し概略を把握することで，本編の内容を読み進める上での一助となることや，各自治体や各学校における研修等で使用する資料の参考となることを想定しています。記載内容は最小限の情報になっているので，詳細については，本編を御参照ください。

第１編

総説

第１編　総説

本編においては，以下の資料について，それぞれ略称を用いることとする。

> 答申：「幼稚園，小学校，中学校，高等学校及び特別支援学校の学習指導要領等の改善及び必要な方策等について（答申）」　平成28年12月21日　中央教育審議会
>
> 報告：「児童生徒の学習評価の在り方について（報告）」　平成31年１月21日　中央教育審議会　初等中等教育分科会　教育課程部会
>
> 改善等通知：「小学校，中学校，高等学校及び特別支援学校等における児童生徒の学習評価及び指導要録の改善等について（通知）」　平成31年３月29日　初等中等教育局長通知

第１章　平成30年の高等学校学習指導要領改訂を踏まえた学習評価の改善

１　はじめに

学習評価は，学校における教育活動に関し，生徒の学習状況を評価するものである。答申にもあるとおり，生徒の学習状況を的確に捉え，教師が指導の改善を図るとともに，生徒が自らの学びを振り返って次の学びに向かうことができるようにするためには，学習評価の在り方が極めて重要である。

各教科等の評価については，「観点別学習状況の評価」と「評定」が学習指導要領に定める目標に準拠した評価として実施するものとされている[1]。観点別学習状況の評価とは，学校における生徒の学習状況を，複数の観点から，それぞれの観点ごとに分析的に捉える評価のことである。生徒が各教科等での学習において，どの観点で望ましい学習状況が認められ，どの観点に課題が認められるかを明らかにすることにより，具体的な指導や学習の改善に生かすことを可能とするものである。各学校において目標に準拠した観点別学習状況の評価を行うに当たっては，観点ごとに評価規準を定める必要がある。評価規準とは，観点別学習状況の評価を的確に行うため，学習指導要領に示す目標の実現の状況を判断するよりどころを表現したものである。本参考資料は，観点別学習状況の評価を実施する際に必要となる評価規準等，学習評価を行うに当たって参考となる情報をまとめたものである。

以下，文部省指導資料から，評価規準について解説した部分を参考として引用する。

---

[1] 各教科の評価については，観点別学習状況の評価と，これらを総括的に捉える「評定」の両方について実施するものとされており，観点別学習状況の評価や評定には示しきれない生徒の一人一人のよい点や可能性，進歩の状況については，「個人内評価」として実施するものとされている（P. 6～11 に後述）。

（参考）評価規準の設定（抄）

（文部省「小学校教育課程一般指導資料」（平成５年９月）より）

新しい指導要録（平成３年改訂）では，観点別学習状況の評価が効果的に行われるようにするために，「各観点ごとに学年ごとの評価規準を設定するなどの工夫を行うこと」と示されています。

これまでの指導要録においても，観点別学習状況の評価を適切に行うため，「観点の趣旨を学年別に具体化することなどについて工夫を加えることが望ましいこと」とされており，教育委員会や学校では目標の達成の度合いを判断するための基準や尺度などの設定について研究が行われてきました。

しかし，それらは，ともすれば知識・理解の評価が中心になりがちであり，また「目標を十分達成（＋）」，「目標をおおむね達成（空欄）」及び「達成が不十分（－）」ごとに詳細にわたって設定され，結果としてそれを単に数量的に処理することに陥りがちであったとの指摘がありました。

今回の改訂においては，学習指導要領が目指す学力観に立った教育の実践に役立つようにすることを改訂方針の一つとして掲げ，各教科の目標に照らしてその実現の状況を評価する観点別学習状況を各教科の学習の評価の基本に据えることとしました。したがって，評価の観点についても，学習指導要領に示す目標との関連を密にして設けられています。

このように，学習指導要領が目指す学力観に立つ教育と指導要録における評価とは一体のものであるとの考え方に立って，各教科の目標の実現の状況を「関心・意欲・態度」，「思考・判断・表現」，「技能・表現（または技能）」及び「知識・理解」の観点ごとに適切に評価するため，「評価規準を設定する」ことを明確に示しているものです。

「評価規準」という用語については，先に述べたように，新しい学力観に立って子供たちが自ら獲得し身に付けた資質や能力の質的な面，すなわち，学習指導要領の目標に基づく幅のある資質や能力の育成の実現状況の評価を目指すという意味から用いたものです。

２　平成30年の高等学校学習指導要領改訂を踏まえた学習評価の意義

（１）学習評価の充実

平成30年に改訂された高等学校学習指導要領総則においては，学習評価の充実について新たに項目が置かれている。具体的には，学習評価の目的等について以下のように示し，単元や題材など内容や時間のまとまりを見通しながら，生徒の主体的・対話的で深い学びの実現に向けた授業改善を行うと同時に，評価の場面や方法を工夫して，学習の過程や成果を評価することを示し，授業の改善と評価の改善を両輪として行っていくことの必要性が明示されている。

- ・生徒のよい点や進歩の状況などを積極的に評価し，学習したことの意義や価値を実感できるようにすること。また，各教科・科目等の目標の実現に向けた学習状況を把握する観点から，単元や題材など内容や時間のまとまりを見通しながら評価の場面や方法を工夫して，学習の過程や成果を評価し，指導の改善や学習意欲の向上を図り，資質・能力の育成に生かすようにすること。
- ・創意工夫の中で学習評価の妥当性や信頼性が高められるよう，組織的かつ計画的な取組を推進するとともに，学年や学校段階を越えて生徒の学習の成果が円滑に接続されるように工夫すること。

（高等学校学習指導要領 第1章 総則 第3款 教育課程の実施と学習評価　2 学習評価の充実）

報告では現状の学習評価の課題として，学校や教師の状況によっては，学期末や学年末などの事後での評価に終始してしまうことが多く，評価の結果が生徒の具体的な学習改善につながっていないなどの指摘があるとしている。このため，学習評価の充実に当たっては，いわゆる評価のための評価に終わることのないよう指導と評価の一体化を図り，学習の成果だけでなく，学習の過程を一層重視し，生徒が自分自身の目標や課題をもって学習を進めていけるように評価を行うことが大切である。

また，報告においては，教師によって学習評価の方針が異なり，生徒が学習改善につなげにくいといった現状の課題も指摘されている。平成29年度文部科学省委託調査「学習指導と学習評価に対する意識調査」（以下「平成29年度文科省意識調査」）では，学習評価への取組状況について，「A：校内で評価方法や評価規準を共有したり，授業研究を行ったりして，学習評価の改善に，学校全体で取り組んでいる」「B：評価規準の改善，評価方法の研究などは，教員個人に任されている」の二つのうちどちらに近いか尋ねたところ，高等学校では「B」又は「どちらかと言うとB」が約55％を占めている。このような現状を踏まえ，特に高等学校においては，学習評価の妥当性や信頼性を高め，授業改善や組織運営の改善に向けた学校教育全体の取組に位置付ける観点から，組織的かつ計画的に取り組むようにすることが必要である。

（2）カリキュラム・マネジメントの一環としての指導と評価

各学校における教育活動の多くは，学習指導要領等に従い生徒や地域の実態を踏まえて編成された教育課程の下，指導計画に基づく授業（学習指導）として展開される。各学校では，生徒の学習状況を評価し，その結果を生徒の学習や教師による指導の改善や学校全体としての教育課程の改善等に生かし，学校全体として組織的かつ計画的に教育活動の質の向上を図っていくことが必要である。このように，「学習指導」と「学習評価」は学校の教育活動の根幹に当たり，教育課程に基づいて組織的かつ計画的に教育活動の質の向上を図る「カリキュラム・マネジメント」の中核的な役割を担っているのである。

（３）主体的・対話的で深い学びの視点からの授業改善と評価

指導と評価の一体化を図るためには，生徒一人一人の学習の成立を促すための評価という視点を一層重視し，教師が自らの指導のねらいに応じて授業での生徒の学びを振り返り，学習や指導の改善に生かしていくことが大切である。すなわち，平成30年に改訂された高等学校学習指導要領で重視している「主体的・対話的で深い学び」の視点からの授業改善を通して各教科等における資質・能力を確実に育成する上で，学習評価は重要な役割を担っている。

（４）学習評価の改善の基本的な方向性

（１）～（３）で述べたとおり，学習指導要領改訂の趣旨を実現するためには，学習評価の在り方が極めて重要であり，すなわち，学習評価を真に意味のあるものとし，指導と評価の一体化を実現することがますます求められている。

このため，報告では，以下のように学習評価の改善の基本的な方向性が示された。

① 児童生徒の学習改善につながるものにしていくこと
② 教師の指導改善につながるものにしていくこと
③ これまで慣行として行われてきたことでも，必要性・妥当性が認められないものは見直していくこと

3　平成30年の高等学校学習指導要領改訂を受けた評価の観点の整理

平成30年改訂学習指導要領においては，知・徳・体にわたる「生きる力」を生徒に育むために「何のために学ぶのか」という各教科等を学ぶ意義を共有しながら，授業の創意工夫や教科書等の教材の改善を促すため，全ての教科・科目等の目標及び内容を「知識及び技能」,「思考力，判断力，表現力等」,「学びに向かう力，人間性等」の育成を目指す資質・能力の三つの柱で再整理した（図１参照)。知・徳・体のバランスのとれた「生きる力」を育むことを目指すに当たっては，各教科・科目等の指導を通してどのような資質・能力の育成を目指すのかを明確にしながら教育活動の充実を図ること，その際には，生徒の発達の段階や特性を踏まえ，三つの柱に沿った資質・能力の育成がバランスよく実現できるよう留意する必要がある。

図１

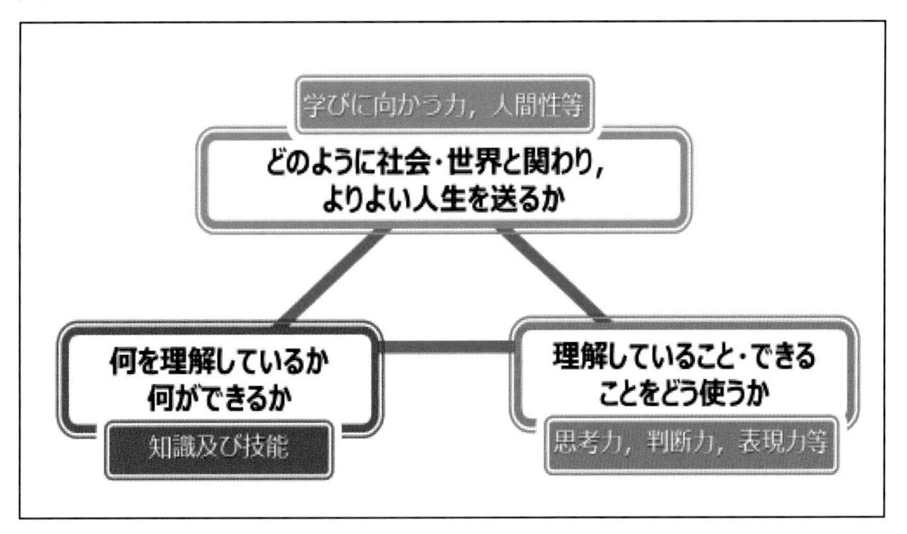

観点別学習状況の評価については，こうした教育目標や内容の再整理を踏まえて，小・中・高等学校の各教科を通じて，４観点から３観点に整理された（図２参照）。

図２

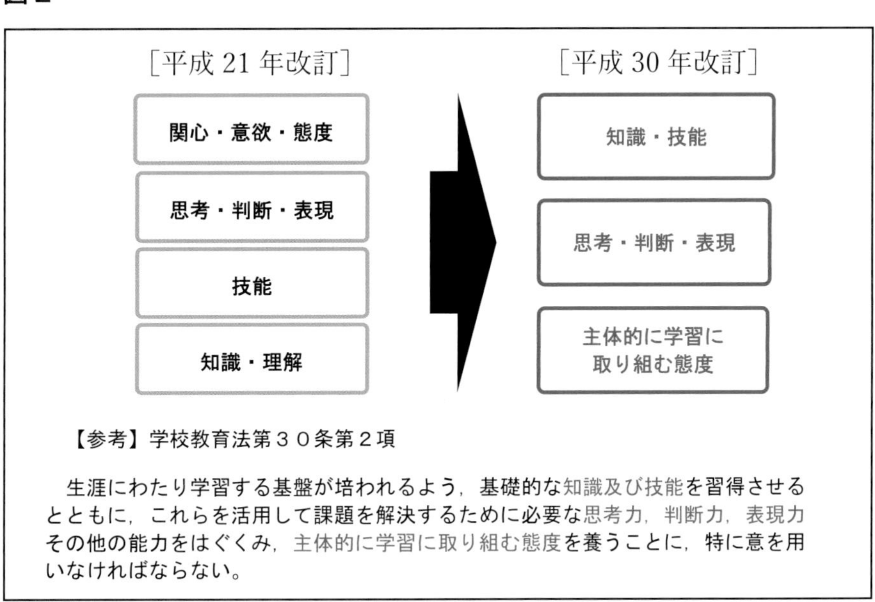

４　平成 30 年の高等学校学習指導要領改訂における各教科・科目の学習評価

各教科・科目の学習評価においては，平成 30 年改訂においても，学習状況を分析的に捉える「観点別学習状況の評価」と，これらを総括的に捉える「評定」の両方について，学習指導要領に定める目標に準拠した評価として実施するものとされた。

同時に，答申では「観点別学習状況の評価」について，高等学校では，知識量のみを問うペーパーテストの結果や，特定の活動の結果などのみに偏重した評価が行われているのではないかとの懸念も示されており，指導要録の様式の改善などを通じて評価の観点を明確にし，観点別学習状況の評価を更に普及させていく必要があるとされた。報告ではこの点について，以下のとおり示されている。

【高等学校における観点別学習状況の評価の扱いについて】
○　高等学校においては，従前より観点別学習状況の評価が行われてきたところであるが，地域や学校によっては，その取組に差があり，形骸化している場合があるとの指摘もある。「平成29年度文科省意識調査」では，高等学校が指導要録に観点別学習状況の評価を記録している割合は，13.3%にとどまる。そのため，高等学校における観点別学習状況の評価を更に充実し，その質を高める観点から，今後国が発出する学習評価及び指導要録の改善等に係る通知の「高等学校及び特別支援学校高等部の指導要録に記載する事項等」において，観点別学習状況の評価に係る説明を充実するとともに，指導要録の参考様式に記載欄を設けることとする。

これを踏まえ，改善等通知においては，高等学校生徒指導要録に新たに観点別学習状況の評価の記載欄を設けることとした上で，以下のように示されている。

【高等学校生徒指導要録】（学習指導要領に示す各教科・科目の取扱いは次のとおり）
［各教科・科目の学習の記録］
Ⅰ　観点別学習状況
学習指導要領に示す各教科・科目の目標に基づき，学校が生徒や地域の実態に即して定めた当該教科・科目の目標や内容に照らして，その実現状況を観点ごとに評価し記入する。その際，
「十分満足できる」状況と判断されるもの：A
「おおむね満足できる」状況と判断されるもの：B
「努力を要する」状況と判断されるもの：C
のように区別して評価を記入する。
Ⅱ　評定
各教科・科目の評定は，学習指導要領に示す各教科・科目の目標に基づき，学校が生徒や地域の実態に即して定めた当該教科・科目の目標や内容に照らし，その実現状況を総括的に評価して，
「十分満足できるもののうち，特に程度が高い」状況と判断されるもの：5
「十分満足できる」状況と判断されるもの：4
「おおむね満足できる」状況と判断されるもの：3
「努力を要する」状況と判断されるもの：2
「努力を要すると判断されるもののうち，特に程度が低い」状況と判断されるもの：1
のように区別して評価を記入する。
評定は各教科・科目の学習の状況を総括的に評価するものであり，「観点別学習状況」において掲げられた観点は，分析的な評価を行うものとして，各教科・科目の評定を行う場合において基本的な要素となるものであることに十分留意する。その際，評定の適切な決定方法等については，各学校において定める。

「平成29年度文科省意識調査」では，「観点別学習状況の評価は実践の蓄積があり，定着してきている」に対する「そう思う」又は「まあそう思う」との回答の割合は，小学校・中学校では80%を超えるのに対し，高等学校では約45%にとどまっている。このような現状を踏まえ，今後高等学校においては，観点別学習状況の評価を更に充実し，その質を高めることが求められている。

また，観点別学習状況の評価や評定には示しきれない生徒一人一人のよい点や可能性，進歩の状況については，「個人内評価」として実施するものとされている。改善等通知においては，「観点別学習状況の評価になじまず個人内評価の対象となるものについては，児童生徒が学習したことの意義や価値を実感できるよう，日々の教育活動等の中で児童生徒に伝えることが重要であること。特に『学びに向かう力，人間性等』のうち『感性や思いやり』など児童生徒一人一人のよい点や可能性，進歩の状況などを積極的に評価し児童生徒に伝えることが重要であること。」と示されている。

「3　平成30年の高等学校学習指導要領改訂を受けた評価の観点の整理」も踏まえて各教科における評価の基本構造を図示化すると，以下のようになる（図3参照）。

図3

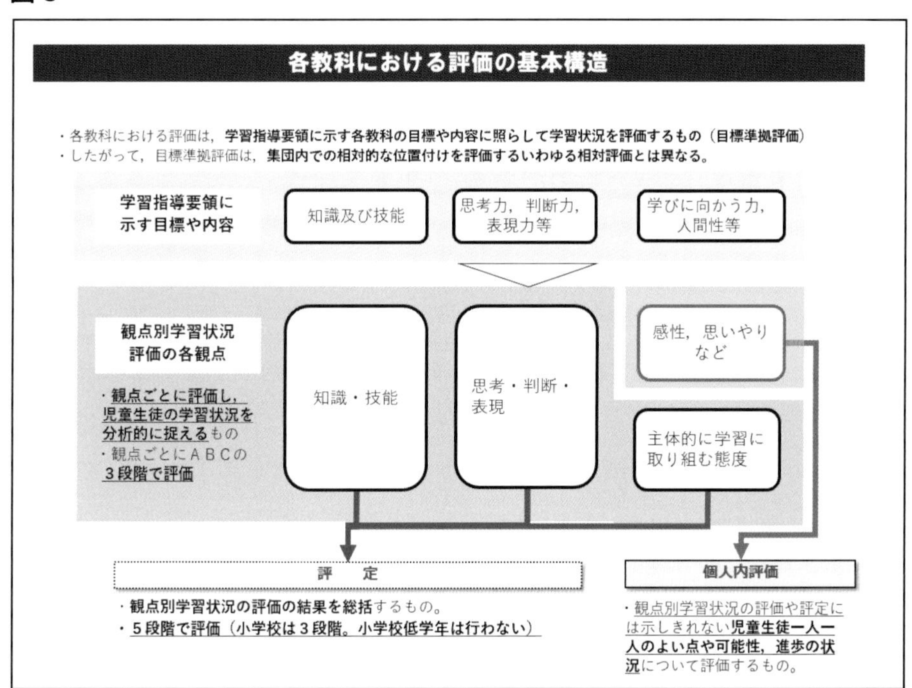

上記の，「各教科における評価の基本構造」を踏まえた3観点の評価それぞれについての考え方は，以下の（1）～（3）のとおりとなる。なお，この考え方は，総合的な探究の時間，特別活動においても同様に考えることができる。

（1）「知識・技能」の評価について

「知識・技能」の評価は，各教科等における学習の過程を通した知識及び技能の習得状況について評価を行うとともに，それらを既有の知識及び技能と関連付けたり活用したりする中で，他の学習や生活の場面でも活用できる程度に概念等を理解したり，技能を習得したりしているかについても評価するものである。

「知識・技能」におけるこのような考え方は，従前の「知識・理解」（各教科等において習得すべき知識や重要な概念等を理解しているかを評価），「技能」（各教科等において習得すべき技能を身に付けているかを評価）においても重視してきたものである。

具体的な評価の方法としては，ペーパーテストにおいて，事実的な知識の習得を問う問題と，知識の概念的な理解を問う問題とのバランスに配慮するなどの工夫改善を図るとともに，例えば，生徒が文章による説明をしたり，各教科等の内容の特質に応じて，観察・実験したり，式やグラフで表現したりするなど，実際に知識や技能を用いる場面を設けるなど，多様な方法を適切に取り入れていくことが考えられる。

（2）「思考・判断・表現」の評価について

「思考・判断・表現」の評価は，各教科等の知識及び技能を活用して課題を解決する等のために必要な思考力，判断力，表現力等を身に付けているかを評価するものである。

「思考・判断・表現」におけるこのような考え方は，従前の「思考・判断・表現」の観点においても重視してきたものである。「思考・判断・表現」を評価するためには，教師は「主体的・対話的で深い学び」の視点からの授業改善をする中で，生徒が思考・判断・表現する場面を効果的に設計するなどした上で，指導・評価することが求められる。

具体的な評価の方法としては，ペーパーテストのみならず，論述やレポートの作成，発表，グループでの話合い，作品の制作や表現等の多様な活動を取り入れたり，それらを集めたポートフォリオを活用したりするなど評価方法を工夫することが考えられる。

（3）「主体的に学習に取り組む態度」の評価について

答申において「学びに向かう力，人間性等」には，①「主体的に学習に取り組む態度」として観点別学習状況の評価を通じて見取ることができる部分と，②観点別学習状況の評価や評定にはなじまず，こうした評価では示しきれないことから個人内評価を通じて見取る部分があることに留意する必要があるとされている。すなわち，②については観点別学習状況の評価の対象外とする必要がある。

「主体的に学習に取り組む態度」の評価に際しては，単に継続的な行動や積極的な発言を行うなど，性格や行動面の傾向を評価するということではなく，各教科等の「主体的に学習に取り組む態度」に係る観点の趣旨に照らして，知識及び技能を習得したり，思考力，判断力，表現力等を身に付けたりするために，自らの学習状況を把握し，学習の進め方について試行錯誤するなど自らの学習を調整しながら，学ぼうとしているかどうかという意思的な側面を評価することが重要である。

従前の「関心・意欲・態度」の観点も，各教科等の学習内容に関心をもつことのみならず，よりよく学ぼうとする意欲をもって学習に取り組む態度を評価するという考え方に基づいたものであり，この点を「主体的に学習に取り組む態度」として改めて強調するものである。

本観点に基づく評価は，「主体的に学習に取り組む態度」に係る各教科等の評価の観点の趣旨に照らして，

① 知識及び技能を獲得したり，思考力，判断力，表現力等を身に付けたりすることに向けた粘り強い取組を行おうとしている側面

② ①の粘り強い取組を行う中で，自らの学習を調整しようとする側面

という二つの側面を評価することが求められる[2]（図４参照）。

ここでの評価は，生徒の学習の調整が「適切に行われているか」を必ずしも判断するものではなく，学習の調整が知識及び技能の習得などに結び付いていない場合には，教師が学習の進め方を適切に指導することが求められる。

具体的な評価の方法としては，ノートやレポート等における記述，授業中の発言，教師による行動観察や生徒による自己評価や相互評価等の状況を，教師が評価を行う際に考慮する材料の一つとして用いることなどが考えられる。

図４

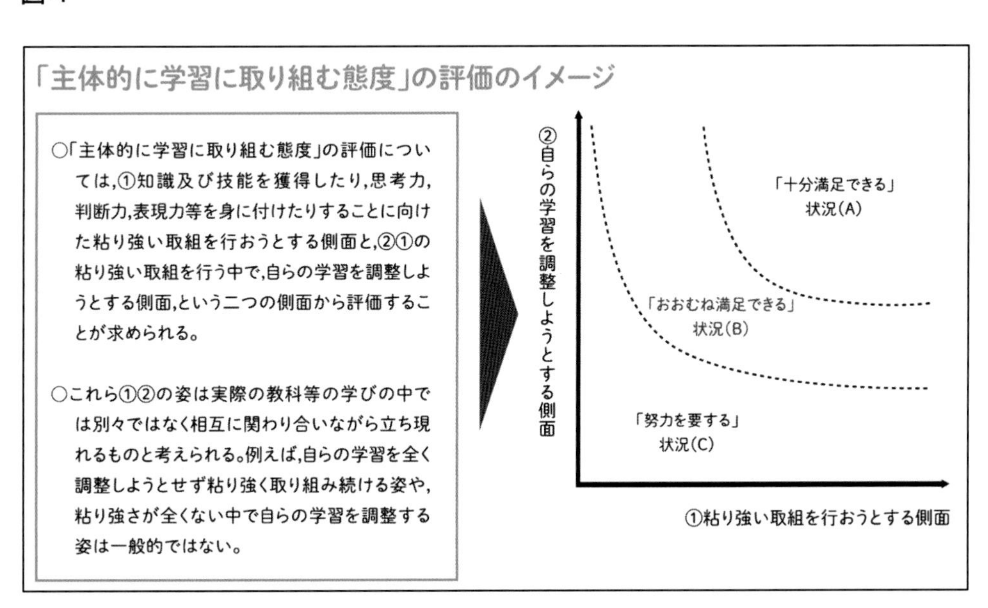
「主体的に学習に取り組む態度」の評価のイメージ
○「主体的に学習に取り組む態度」の評価については，①知識及び技能を獲得したり，思考力，判断力，表現力等を身に付けたりすることに向けた粘り強い取組を行おうとする側面と，②①の粘り強い取組を行う中で，自らの学習を調整しようとする側面，という二つの側面から評価することが求められる。
○これら①②の姿は実際の教科等の学びの中では別々ではなく相互に関わり合いながら立ち現れるものと考えられる。例えば，自らの学習を全く調整しようとせず粘り強く取り組み続ける姿や，粘り強さが全くない中で自らの学習を調整する姿は一般的ではない。
②自らの学習を調整しようとする側面
「十分満足できる」状況(A)
「おおむね満足できる」状況(B)
「努力を要する」状況(C)
①粘り強い取組を行おうとする側面

[2] これら①②の姿は実際の教科等の学びの中では別々ではなく相互に関わり合いながら立ち現れるものと考えられることから，実際の評価の場面においては，双方の側面を一体的に見取ることも想定される。例えば，自らの学習を全く調整しようとせず粘り強く取り組み続ける姿や，粘り強さが全くない中で自らの学習を調整する姿は一般的ではない。

なお，学習指導要領の「２　内容」に記載のない「主体的に学習に取り組む態度」の評価については，後述する第２章１（２）を参照のこと[3]。

５　改善等通知における総合的な探究の時間，特別活動の指導要録の記録

改善等通知においては，各教科の学習の記録とともに，以下の（１），（２）の各教科等の指導要録における学習の記録について以下のように示されている。

（１）総合的な探究の時間について

改善等通知別紙３には，「総合的な探究の時間の記録については，この時間に行った学習活動及び各学校が自ら定めた評価の観点を記入した上で，それらの観点のうち，生徒の学習状況に顕著な事項がある場合などにその特徴を記入する等，生徒にどのような力が身に付いたかを文章で端的に記述する」とされている。また，「評価の観点については，高等学校学習指導要領等に示す総合的な探究の時間の目標を踏まえ，各学校において具体的に定めた目標，内容に基づいて別紙５を参考に定める」とされている。

（２）特別活動について

改善等通知別紙３には，「特別活動の記録については，各学校が自ら定めた特別活動全体に係る評価の観点を記入した上で，各活動・学校行事ごとに，評価の観点に照らして十分満足できる活動の状況にあると判断される場合に，○印を記入する」とされている。また，「評価の観点については，高等学校学習指導要領等に示す特別活動の目標を踏まえ，各学校において別紙５を参考に定める。その際，特別活動の特質や学校として重点化した内容を踏まえ，例えば『主体的に生活や人間関係をよりよくしようとする態度』などのように，より具体的に定めることも考えられる。記入に当たっては，特別活動の学習が学校やホームルームにおける集団活動や生活を対象に行われるという特質に留意する」とされている。

なお，特別活動は学級担任以外の教師が指導する活動もあることから，評価体制を確立し，共通理解を図って，生徒のよさや可能性を多面的・総合的に評価するとともに，確実に資質・能力が育成されるよう指導の改善に生かすことが求められる。

---

[3] 各教科等によって，評価の対象に特性があることに留意する必要がある。例えば，保健体育科の体育に関する科目においては，公正や協力などを，育成する「態度」として学習指導要領に位置付けており，各教科等の目標や内容に対応した学習評価が行われることとされている。

6　障害のある生徒の学習評価について

学習評価に関する基本的な考え方は，障害のある生徒の学習評価についても同様である。

障害のある生徒については，特別支援学校等の助言又は援助を活用しつつ，個々の生徒の障害の状態や特性及び心身の発達の段階に応じた指導内容や指導方法の工夫を行い，その評価を適切に行うことが必要である。また，指導内容や指導方法の工夫については，学習指導要領の各教科・科目の「指導計画の作成と内容の取扱い」の「指導計画作成上の配慮事項」の「障害のある生徒への配慮についての事項」についての学習指導要領解説も参考となる。

7　評価の方針等の生徒や保護者への共有について

学習評価の妥当性や信頼性を高めるとともに，生徒自身に学習の見通しをもたせるために，学習評価の方針を事前に生徒と共有する場面を必要に応じて設けることが求められており，生徒に評価の結果をフィードバックする際にも，どのような方針によって評価したのかを改めて生徒に共有することも重要である。

また，学習指導要領下での学習評価の在り方や基本方針等について，様々な機会を捉えて保護者と共通理解を図ることが非常に重要である。

第２章　学習評価の基本的な流れ

１　各学科に共通する各教科における評価規準の作成及び評価の実施等について

（１）目標と「評価の観点及びその趣旨」との対応関係について

評価規準の作成に当たっては，各学校の実態に応じて目標に準拠した評価を行うために，「評価の観点及びその趣旨[4]」が各教科の目標を踏まえて作成されていることを確認することが必要である[5]。また，教科の目標と「評価の観点及びその趣旨」との関係性を踏まえ，科目の目標に対する「評価の観点の趣旨」を作成することが必要である。

なお，「主体的に学習に取り組む態度」の観点は，教科・科目の目標の（3）に対応するものであるが，観点別学習状況の評価を通じて見取ることができる部分をその内容として整理し，示していることを確認することが必要である（図５，６参照）。

図５

【学習指導要領「教科の目標」】

学習指導要領　各教科の「第１款　目標」等

(1)	(2)	(3)
（知識及び技能に関する目標）	（思考力，判断力，表現力等に関する目標）	（学びに向かう力，人間性等に関する目標）[6]

【改善等通知　別紙５「評価の観点及びその趣旨」】

観点	知識・技能	思考・判断・表現	主体的に学習に取り組む態度
趣旨	（知識・技能の観点の趣旨）	（思考・判断・表現の観点の趣旨）	（主体的に学習に取り組む態度の観点の趣旨）

---

[4] 各教科等の学習指導要領の目標の規定を踏まえ，観点別学習状況の評価の対象とするものについて整理したものが教科等の観点の趣旨である。

[5] 芸術科においては，「第２款　各科目」における音楽Ⅰ～Ⅲ，美術Ⅰ～Ⅲ，工芸Ⅰ～Ⅲ，書道Ⅰ～Ⅲについて，それぞれ科目の目標を踏まえて「評価の観点及びその趣旨」が作成されている。

[6] 学びに向かう力，人間性等に関する目標には，個人内評価として実施するものも含まれている。

図6

【学習指導要領「科目の目標」】

学習指導要領　各教科の「第２款　各科目」における科目の目標

(1)	(2)	(3)
（知識及び技能に関する目標）	（思考力，判断力，表現力等に関する目標）	（学びに向かう力，人間性等に関する目標）[7]

観点	**知識・技能**	**思考・判断・表現**	**主体的に学習に取り組む態度**
趣旨	（知識・技能の観点の趣旨）	（思考・判断・表現の観点の趣旨）	（主体的に学習に取り組む態度の観点の趣旨）
	科目の目標に対する「評価の観点の趣旨」は各学校等において作成する		

（２）「内容のまとまりごとの評価規準」について

本参考資料では，評価規準の作成等について示す。具体的には，第２編において学習指導要領の規定から「内容のまとまりごとの評価規準」を作成する際の手順を示している。ここでの「内容のまとまり」とは，学習指導要領に示す各教科等の「第２款　各科目」における各科目の「１　目標」及び「２　内容」の項目等をそのまとまりごとに細分化したり整理したりしたものである[8]。平成 30 年に改訂された高等学校学習指導要領においては資質・能力の三つの柱に基づく構造化が行われたところであり，各学科に共通する各教科においては，学習指導要領に示す各教科の「第２款 各科目」の「２　内容」

---

[7] 脚注６を参照

[8] 各教科等の学習指導要領の「第３款　各科目にわたる指導計画の作成と内容の取扱い」１(1)に「単元（題材）などの内容や時間のまとまり」という記載があるが，この「内容や時間のまとまり」と，本参考資料における「内容のまとまり」は同義ではないことに注意が必要である。前者は，主体的・対話的で深い学びを実現するため，主体的に学習に取り組めるよう学習の見通しを立てたり学習したことを振り返ったりして自身の学びや変容を自覚できる場面をどこに設定するか，対話によって自分の考えなどを広げたり深めたりする場面をどこに設定するか，学びの深まりをつくりだすために，生徒が考える場面と教師が教える場面をどのように組み立てるか，といった視点による授業改善は，１単位時間の授業ごとに考えるのではなく，単元や題材などの一定程度のまとまりごとに検討されるべきであることが示されたものである。後者（本参考資料における「内容のまとまり」）については，本文に述べるとおりである。

において[9]，「内容のまとまり」ごとに育成を目指す資質・能力が示されている。このため，「2 内容」の記載はそのまま学習指導の目標となりうるものである[10]。学習指導要領の目標に照らして観点別学習状況の評価を行うに当たり，生徒が資質・能力を身に付けた状況を表すために，「2 内容」の記載事項の文末を「～すること」から「～している」と変換したもの等を，本参考資料において「内容のまとまりごとの評価規準」と呼ぶこととする[11]。

ただし，「主体的に学習に取り組む態度」に関しては，特に，生徒の学習への継続的な取組を通して現れる性質を有すること等から[12]，「2 内容」に記載がない[13]。そのため，各科目の「1 目標」を参考にして作成した科目の目標に対する「評価の観点の趣旨」を踏まえつつ，必要に応じて，改善等通知別紙5に示された評価の観点の趣旨のうち「主体的に学習に取り組む態度」に関わる部分を用いて「内容のまとまりごとの評価規準」を作成する必要がある。

なお，各学校においては，「内容のまとまりごとの評価規準」の考え方を踏まえて，各学校の実態を考慮し，単元や題材の評価規準等，学習評価を行う際の評価規準を作成する。

---

[9] 外国語においては「第2款 各科目」の「1 目標」である。

[10] 「2 内容」において示されている指導事項等を整理することで「内容のまとまり」を構成している教科もある。この場合は，整理した資質・能力をもとに，構成された「内容のまとまり」に基づいて学習指導の目標を設定することとなる。また，目標や評価規準の設定は，教育課程を編成する主体である各学校が，学習指導要領に基づきつつ生徒や学校，地域の実情に応じて行うことが必要である。

[11] 各学科に共通する各教科第9節家庭については，学習指導要領の「第1款 目標」(2)及び「第2款 各科目」の「1 目標」(2)に思考力・判断力・表現力等の育成に係る学習過程が記載されているため，これらを踏まえて「内容のまとまりごとの評価規準」を作成する必要がある。

[12] 各教科等の特性によって単元や題材など内容や時間のまとまりはさまざまであることから，評価を行う際は，それぞれの実現状況が把握できる段階について検討が必要である。

[13] 各教科等によって，評価の対象に特性があることに留意する必要がある。例えば，保健体育科の体育に関する科目においては，公正や協力などを，育成する「態度」として学習指導要領に位置付けており，各教科等の目標や内容に対応した学習評価が行われることとされている。

（３）「内容のまとまりごとの評価規準」を作成する際の基本的な手順

各教科における[14]，「内容のまとまりごとの評価規準」を作成する際の基本的な手順は以下のとおりである。

> 学習指導要領に示された教科及び科目の目標を踏まえて，「評価の観点及びその趣旨」が作成されていることを理解した上で，
>
> ①　各教科における「内容のまとまり」と「評価の観点」との関係を確認する。
>
> ②　【観点ごとのポイント】を踏まえ，「内容のまとまりごとの評価規準」を作成する。

（４）評価の計画を立てることの重要性

学習指導のねらいが生徒の学習状況として実現されたかについて，評価規準に照らして観察し，毎時間の授業で適宜指導を行うことは，育成を目指す資質・能力を生徒に育むためには不可欠である。その上で，評価規準に照らして，観点別学習状況の評価をするための記録を取ることになる。そのためには，いつ，どのような方法で，生徒について観点別学習状況を評価するための記録を取るのかについて，評価の計画を立てることが引き続き大切である。

しかし，毎時間生徒全員について記録を取り，総括の資料とするために蓄積することは現実的ではないことからも，生徒全員の学習状況を記録に残す場面を精選し，かつ適切に評価するための評価の計画が一層重要になる。

（５）観点別学習状況の評価に係る記録の総括

適切な評価の計画の下に得た，生徒の観点別学習状況の評価に係る記録の総括の時期としては，単元（題材）末，学期末，学年末等の節目が考えられる。

総括を行う際，観点別学習状況の評価に係る記録が，観点ごとに複数ある場合は，例えば，次のような総括の方法が考えられる。

・　評価結果のＡ，Ｂ，Ｃの数を基に総括する場合

何回か行った評価結果のＡ，Ｂ，Ｃの数が多いものが，その観点の学習の実施状況を最もよく表現しているとする考え方に立つ総括の方法である。例えば，３回評価を行った結果が「ＡＢＢ」ならばＢと総括することが考えられる。なお，「ＡＡＢＢ」の総括結果をＡとするかＢとするかなど，同数の場合や三つの記号が混在する場合の総括の仕方をあらかじめ各学校において決めておく必要がある。

---

[14] 芸術科においては，「第２款　各科目」における音楽Ⅰ～Ⅲ，美術Ⅰ～Ⅲ，工芸Ⅰ～Ⅲ，書道Ⅰ～Ⅲについて，必要に応じてそれぞれ「内容のまとまりごとの評価規準」を作成する。

・ **評価結果のA，B，Cを数値に置き換えて総括する場合**

何回か行った評価結果A，B，Cを，例えばA＝3，B＝2，C＝1のように数値によって表し，合計したり平均したりする総括の方法である。例えば，総括の結果をBとする範囲を［1.5≦平均値≦2.5］とすると，「ABB」の平均値は，約2.3［(3＋2＋2）÷3］で総括の結果はBとなる。

なお，評価の各節目のうち特定の時点に重きを置いて評価を行うこともできるが，その際平均値による方法等以外についても様々な総括の方法が考えられる。

（6）観点別学習状況の評価の評定への総括

評定は，各教科の観点別学習状況の評価を総括した数値を示すものである。評定は，生徒がどの教科の学習に望ましい学習状況が認められ，どの教科の学習に課題が認められるのかを明らかにすることにより，教育課程全体を見渡した学習状況の把握と指導や学習の改善に生かすことを可能とするものである。

評定への総括は，学期末や学年末などに行われることが多い。学年末に評定へ総括する場合には，学期末に総括した評定の結果を基にする場合と，学年末に観点ごとに総括した結果を基にする場合が考えられる。

観点別学習状況の評価の評定への総括は，各観点の評価結果をA，B，Cの組合せ，又は，A，B，Cを数値で表したものに基づいて総括し，その結果を5段階で表す。

A，B，Cの組合せから評定に総括する場合，「BBB」であれば3を基本としつつ，「AAA」であれば5又は4，「CCC」であれば2又は1とするのが適当であると考えられる。それ以外の場合は，各観点のA，B，Cの数の組合せから適切に評定することができるようあらかじめ各学校において決めておく必要がある。

なお，観点別学習状況の評価結果は，「十分満足できる」状況と判断されるものをA，「おおむね満足できる」状況と判断されるものをB，「努力を要する」状況と判断されるものをCのように表されるが，そこで表された学習の実現状況には幅があるため，機械的に評定を算出することは適当ではない場合も予想される。

また，評定は，高等学校学習指導要領等に示す各教科・科目の目標に照らして，その実現状況を「十分満足できるもののうち，特に程度が高い」状況と判断されるものを5，「十分満足できる」状況と判断されるものを4，「おおむね満足できる」状況と判断されるものを3，「努力を要する」状況と判断されるものを2，「努力を要すると判断されるもののうち，特に程度が低い」状況と判断されるものを1（単位不認定）という数値で表される。しかし，この数値を生徒の学習状況について五つに分類したものとして捉えるのではなく，常にこの結果の背後にある生徒の具体的な学習の実現状況を思い描き，適切に捉えることが大切である。評定への総括に当たっては，このようなことも十分に検討する必要がある[15]。また，各学校では観点別学習状況の評価の観点ごとの総括

---

[15] 改善等通知では，「評定は各教科の学習の状況を総括的に評価するものであり，『観点別

及び評定への総括の考え方や方法について，教師間で共通理解を図り，生徒及び保護者に十分説明し理解を得ることが大切である。

2　主として専門学科（職業教育を主とする専門学科）において開設される各教科における評価規準の作成及び評価の実施等について

（1）目標と「評価の観点及びその趣旨」との対応関係について

評価規準の作成に当たっては，各学校の実態に応じて目標に準拠した評価を行うために，「評価の観点及びその趣旨」が各教科の目標を踏まえて作成されていることを確認することが必要である。また，教科の目標と「評価の観点及びその趣旨」との関係性を踏まえ，科目の目標に対する「評価の観点の趣旨」を作成することが必要である。

なお，「主体的に学習に取り組む態度」の観点は，教科・科目の目標の（3）に対応するものであるが，観点別学習状況の評価を通じて見取ることができる部分をその内容として整理し，示していることを確認することが必要である（図7，８参照）。

図７

【学習指導要領「教科の目標」】

学習指導要領　各教科の「第１款　目標」

(1)	(2)	(3)
（知識及び技術に関する目標）	（思考力，判断力，表現力等に関する目標）	（学びに向かう力，人間性等に関する目標）[16]

【改善等通知　別紙５「評価の観点及びその趣旨」】

観点	知識・技術	思考・判断・表現	主体的に学習に取り組む態度
趣旨	（知識・技術の観点の趣旨）	（思考・判断・表現の観点の趣旨）	（主体的に学習に取り組む態度の観点の趣旨）

学習状況』において掲げられた観点は，分析的な評価を行うものとして，各教科の評定を行う場合において基本的な要素となるものであることに十分留意する。その際，評定の適切な決定方法等については，各学校において定める。」と示されている（P.８参照）。

[16] 脚注６を参照

図8

【学習指導要領「科目の目標」】

学習指導要領　各教科の「第２款　各科目」における科目の目標

(1)	(2)	(3)
（知識及び技術に関する目標）	（思考力，判断力，表現力等に関する目標）	（学びに向かう力，人間性等に関する目標）[17]

観点	知識・技術	思考・判断・表現	主体的に学習に取り組む態度
趣旨	（知識・技術の観点の趣旨）	（思考・判断・表現の観点の趣旨）	（主体的に学習に取り組む態度の観点の趣旨）
	科目の目標に対する「評価の観点の趣旨」は各学校等において作成する		

（２）職業教育を主とする専門学科において開設される「〔指導項目〕ごとの評価規準」について

職業教育を主とする専門学科においては，学習指導要領の規定から「〔指導項目〕ごとの評価規準」を作成する際の手順を示している。

平成30年に改訂された高等学校学習指導要領においては資質・能力の三つの柱に基づく構造化が行われたところであり，職業教育を主とする専門学科においては，学習指導要領解説に示す各科目の「第２　内容とその取扱い」の「２　内容」の各〔指導項目〕において，育成を目指す資質・能力が示されている。このため，「２　内容　〔指導項目〕」の記載はそのまま学習指導の目標となりうるものである。学習指導要領及び学習指導要領解説の目標に照らして観点別学習状況の評価を行うに当たり，生徒が資質・能力を身に付けた状況を表すために，「２　内容　〔指導項目〕」の記載事項の文末を「～すること」から「～している」と変換したもの等を，本参考資料において「〔指導項目〕ごとの評価規準」と呼ぶこととする。

なお，職業教育を主とする専門学科については，「２　内容　〔指導項目〕」に「学びに向かう力・人間性」に係る項目が存在する。この「学びに向かう力・人間性」に係る項目から，観点別学習状況の評価になじまない部分等を除くことで「主体的に学習に取り組む態度」の「〔指導項目〕ごとの評価規準」を作成することができる。

これらを踏まえ，職業教育を主とする専門学科においては，各科目における「内容のまとまり」を〔指導項目〕に置き換えて記載することとする。

---

[17] 脚注６を参照

各学校においては，「〔指導項目〕ごとの評価規準」の考え方を踏まえて，各学校の実態を考慮し，単元の評価規準等，学習評価を行う際の評価規準を作成する。

（3）「〔指導項目〕ごとの評価規準」を作成する際の基本的な手順

職業教育を主とする専門学科における，「〔指導項目〕ごとの評価規準」を作成する際の基本的な手順は以下のとおりである。

> 学習指導要領に示された教科及び科目の目標を踏まえて，「評価の観点及びその趣旨」が作成されていることを理解した上で，
>
> ① 各科目における〔指導項目〕と「評価の観点」との関係を確認する。
>
> ② 【観点ごとのポイント】を踏まえ，「〔指導項目〕ごとの評価規準」を作成する。

3 総合的な探究の時間における評価規準の作成及び評価の実施等について

（1）総合的な探究の時間の「評価の観点」について

平成30年に改訂された高等学校学習指導要領では，各教科等の目標や内容を「知識及び技能」，「思考力，判断力，表現力等」，「学びに向かう力，人間性等」の資質・能力の三つの柱で再整理しているが，このことは総合的な探究の時間においても同様である。

総合的な探究の時間においては，学習指導要領が定める目標を踏まえて各学校が目標や内容を設定するという総合的な探究の時間の特質から，各学校が観点を設定するという枠組みが維持されている。一方で，各学校が目標や内容を定める際には，学習指導要領において示された以下について考慮する必要がある。

> 【各学校において定める目標】
>
> ・ 各学校において定める目標については，各学校における教育目標を踏まえ，総合的な探究の時間を通して育成を目指す資質・能力を示すこと。（第2の3(1)）

総合的な探究の時間を通して育成を目指す資質・能力を示すとは，各学校における教育目標を踏まえて，各学校において定める目標の中に，この時間を通して育成を目指す資質・能力を，三つの柱に即して具体的に示すということである。

> 【各学校において定める内容】
>
> ・ 探究課題の解決を通して育成を目指す具体的な資質・能力については，次の事項に配慮すること。
>
> ア 知識及び技能については，他教科等及び総合的な探究の時間で習得する知識及び技能が相互に関連付けられ，社会の中で生きて働くものとして形成されるようにすること。
>
> イ 思考力，判断力，表現力等については，課題の設定，情報の収集，整理・分析，

まとめ・表現などの探究的な学習の過程において発揮され，未知の状況において活用できるものとして身に付けられるようにすること。
ウ　学びに向かう力，人間性等については，自分自身に関すること及び他者や社会との関わりに関することの両方の視点を踏まえること。　（第２の３(6)）

各学校において定める内容について，今回の改訂では新たに，「目標を実現するにふさわしい探究課題」，「探究課題の解決を通して育成を目指す具体的な資質・能力」の二つを定めることが示された。「探究課題の解決を通して育成を目指す具体的な資質・能力」とは，各学校において定める目標に記された資質・能力を，各探究課題に即して具体的に示したものであり，教師の適切な指導の下，生徒が各探究課題の解決に取り組む中で，育成することを目指す資質・能力のことである。この具体的な資質・能力も，「知識及び技能」，「思考力，判断力，表現力等」，「学びに向かう力，人間性等」という資質・能力の三つの柱に即して設定していくことになる。

このように，各学校において定める目標と内容には，三つの柱に沿った資質・能力が明示されることになる。

したがって，資質・能力の三つの柱で再整理した学習指導要領の下での指導と評価の一体化を推進するためにも，評価の観点についてこれらの資質・能力に関わる「知識・技能」，「思考・判断・表現」，「主体的に学習に取り組む態度」の３観点に整理し示したところである。

（２）総合的な探究の時間の「内容のまとまり」の考え方

学習指導要領の第２の２では，「各学校においては，第１の目標を踏まえ，各学校の総合的な探究の時間の内容を定める。」とされている。これは，各学校が，学習指導要領が定める目標の趣旨を踏まえて，地域や学校，生徒の実態に応じて，創意工夫を生かした内容を定めることが期待されているからである。

この内容の設定に際しては，前述したように「目標を実現するにふさわしい探究課題」，「探究課題の解決を通して育成を目指す具体的な資質・能力」の二つを定めることが示され，探究課題としてどのような対象と関わり，その探究課題の解決を通して，どのような資質・能力を育成するのかが内容として記述されることになる（図９参照）。

本参考資料第１編第２章の１（２）では，「内容のまとまり」について，「学習指導要領に示す各教科等の『第２款　各科目』における各科目の『１　目標』及び『２　内容』の項目等をそのまとまりごとに細分化したり整理したりしたもので，『内容のまとまり』ごとに育成を目指す資質・能力が示されている」と説明されている。

したがって，総合的な探究の時間における「内容のまとまり」とは，全体計画に示した「目標を実現するにふさわしい探究課題」のうち，一つ一つの探究課題とその探究課題に応じて定めた具体的な資質・能力と考えることができる。

図9

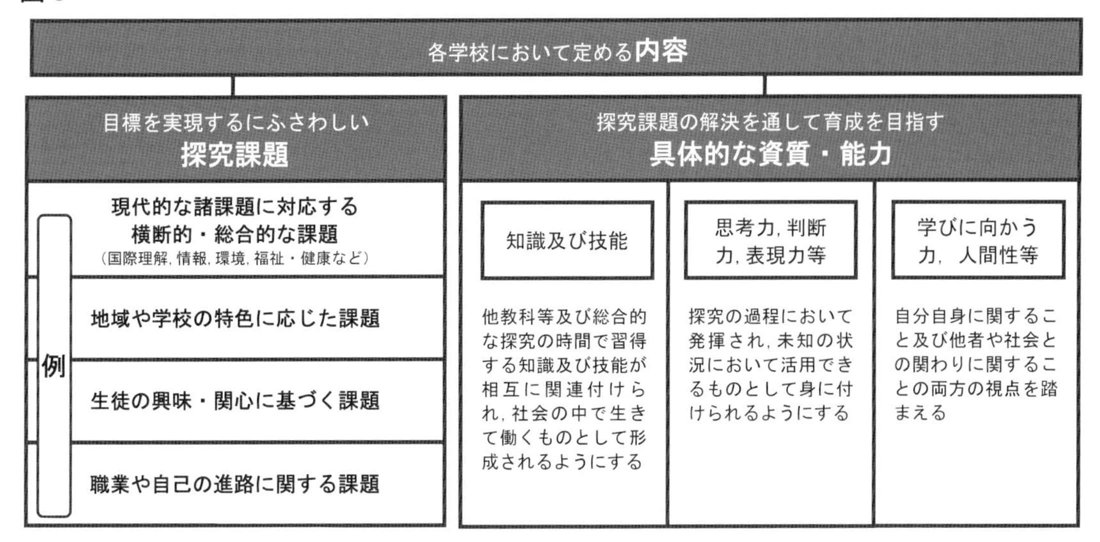

（3）「内容のまとまりごとの評価規準」を作成する際の基本的な手順

総合的な探究の時間における，「内容のまとまりごとの評価規準」を作成する際の基本的な手順は以下のとおりである。

① 各学校において定めた目標（第2の1）と「評価の観点及びその趣旨」を確認する。

② 各学校において定めた内容の記述（「内容のまとまり」として探究課題ごとに作成した「探究課題の解決を通して育成を目指す具体的な資質・能力」）が，観点ごとにどのように整理されているかを確認する。

③【観点ごとのポイント】を踏まえ，「内容のまとまりごとの評価規準」を作成する。

4 特別活動の「評価の観点」とその趣旨，並びに評価規準の作成及び評価の実施等について

（1）特別活動の「評価の観点」とその趣旨について

特別活動においては，改善等通知において示されたように，特別活動の特質と学校の創意工夫を生かすということから，設置者ではなく，「各学校で評価の観点を定める」ものとしている。本参考資料では「評価の観点」とその趣旨の設定について示している。

（2）特別活動の「内容のまとまり」

学習指導要領「第2　各活動・学校行事の目標及び内容」〔ホームルーム活動〕「2　内容」の「(1)ホームルームや学校における生活づくりへの参画」，「(2)日常の生活や学習への適応と自己の成長及び健康安全」，「(3)一人一人のキャリア形成と自己実現」，〔生徒会活動〕，〔学校行事〕「2　内容」の(1)儀式的行事，(2)文化的行事，(3)健康安全・体育的行事，(4)旅行・集団宿泊的行事，(5)勤労生産・奉仕的行事をそれぞれ「内容のまとまり」とした。

（３）特別活動の「評価の観点」とその趣旨，並びに「内容のまとまりごとの評価規準」を作成する際の基本的な手順

各学校においては，学習指導要領に示された特別活動の目標及び内容を踏まえ，自校の実態に即し，改善等通知の例示を参考に観点を作成する。その際，例えば，特別活動の特質や学校として重点化した内容を踏まえて，具体的な観点を設定することが考えられる。

また，学習指導要領解説では，各活動・学校行事の内容ごとに育成を目指す資質・能力が例示されている。そこで，学習指導要領で示された「各活動・学校行事の目標」及び学習指導要領解説で例示された「資質・能力」を確認し，各学校の実態に合わせて育成を目指す資質・能力を重点化して設定する。

次に，各学校で設定した，各活動・学校行事で育成を目指す資質・能力を踏まえて，「内容のまとまりごとの評価規準」を作成する。基本的な手順は以下のとおりである。

① 学習指導要領の「特別活動の目標」と改善等通知を確認する。

② 学習指導要領の「特別活動の目標」と自校の実態を踏まえ，改善等通知の例示を参考に，特別活動の「評価の観点」とその趣旨を設定する。

③ 学習指導要領の「各活動・学校行事の目標」及び学習指導要領解説特別活動編（平成30年７月）で例示した「各活動・学校行事における育成を目指す資質・能力」を参考に，各学校において育成を目指す資質・能力を重点化して設定する。

④ 【観点ごとのポイント】を踏まえ，「内容のまとまりごとの評価規準」を作成する。

（参考）平成24年「評価規準の作成，評価方法等の工夫改善のための参考資料」からの変更点について

今回作成した本参考資料は，平成24年の「評価規準の作成，評価方法等の工夫改善のための参考資料」を踏襲するものであるが，以下のような変更点があることに留意が必要である[18]。

まず，平成24年の参考資料において使用していた「評価規準に盛り込むべき事項」や「評価規準の設定例」については，報告において「現行の参考資料のように評価規準を詳細に示すのではなく，各教科等の特質に応じて，学習指導要領の規定から評価規準を作成する際の手順を示すことを基本とする」との指摘を受け，第2編において示すことを改め，本参考資料の第3編における事例の中で，各教科等の事例に沿った評価規準を例示したり，その作成手順等を紹介したりする形に改めている。

次に，本参考資料の第2編に示す「内容のまとまりごとの評価規準」は，平成24年の「評価規準の作成，評価方法等の工夫改善のための参考資料」において示した「評価規準に盛り込むべき事項」と作成の手順を異にする。具体的には，「評価規準に盛り込むべき事項」は，平成21年改訂学習指導要領における各教科等の目標及び内容の記述を基に，学習評価及び指導要録の改善通知で示している各教科等の評価の観点及びその趣旨を踏まえて作成したものである。

また，平成24年の参考資料では「評価規準に盛り込むべき事項」をより具体化したものを「評価規準の設定例」として示している。「評価規準の設定例」は，原則として，学習指導要領の各教科等の目標及び内容のほかに，当該部分の学習指導要領解説（文部科学省刊行）の記述を基に作成していた。他方，本参考資料における「内容のまとまりごとの評価規準」については，平成30年改訂の学習指導要領の目標及び内容が育成を目指す資質・能力に関わる記述で整理されたことから，既に確認のとおり，そこでの「内容のまとまり」ごとの記述を，文末を変換するなどにより評価規準とすることを可能としており，学習指導要領の記載と表裏一体をなす関係にあると言える。

さらに，「主体的に学習に取り組む態度」の「各教科等の評価の観点の趣旨」についてである。前述のとおり，従前の「関心・意欲・態度」の観点から「主体的に学習に取り組む態度」の観点に改められており，「主体的に学習に取り組む態度」の観点に関しては各科目の「1　目標」を参考にしつつ，必要に応じて，改善等通知別紙5に示された評価の観点の趣旨のうち「主体的に学習に取り組む態度」に関わる部分を用いて「内容のまとまりごとの評価規準」を作成する必要がある。報告にあるとおり，「主体的に学習に取り組む態度」は，現行の「関心・意欲・態度」の観点の本来の趣旨であった，各教科等の学習内容に関心をもつことのみならず，よりよく学ぼうとする意欲をもって学習に取り組む

[18] 特別活動については，平成30年改訂学習指導要領を受け，初めて作成するものである。

態度を評価することを改めて強調するものである。また，本観点に基づく評価としては，「主体的に学習に取り組む態度」に係る各教科等の評価の観点の趣旨に照らし，

① 知識及び技能を獲得したり，思考力，判断力，表現力等を身に付けたりすることに向けた粘り強い取組を行おうとする側面と，

② ①の粘り強い取組を行う中で，自らの学習を調整しようとする側面，

という二つの側面を評価することが求められるとされた[19]。

以上の点から，今回の改善等通知で示した「主体的に学習に取り組む態度」の「各教科等の評価の観点の趣旨」は，平成22年通知で示した「関心・意欲・態度」の「各教科等の評価の観点の趣旨」から改められている。

---

19 脚注11を参照

第２編

「内容のまとまりごとの評価規準」を作成する際の手順

1　特別活動における「評価の観点」とその趣旨について

特別活動においては，改善等通知において示されたように，特別活動の特質と学校の創意工夫を生かすということから，設置者ではなく，「各学校で評価の観点を定める」としている。このため本章では，特別活動の学習評価が効果的に行われるようにするために，各学校において特別活動の観点とその趣旨，並びに評価規準を作成する際の参考となるよう，「評価の観点」とその趣旨並びに「内容のまとまりごとの評価規準」の作成の手順を説明するものである。

2　高等学校特別活動の「内容のまとまり」

高等学校特別活動における「内容のまとまり」は，以下のようになっている。

ホームルーム活動	(1) ホームルームや学校における生活づくりへの参画
	(2) 日常の生活や学習への適応と自己の成長及び健康安全
	(3) 一人一人のキャリア形成と自己実現
生徒会活動	
学校行事	(1) 儀式的行事
	(2) 文化的行事
	(3) 健康安全・体育的行事
	(4) 旅行・集団宿泊的行事
	(5) 勤労生産・奉仕的行事

3　高等学校特別活動の「評価の観点」とその趣旨，並びに「内容のまとまりごとの評価規準」作成の基本的な手順

学習指導要領の特別活動の目標及び各学校の実態を踏まえて，特別活動の「評価の観点」を設定する。「内容のまとまりごとの評価規準」は，学習指導要領の「特別活動の目標」と改善等通知を踏まえ，特別活動の特質に応じた形で作成する。「評価の観点」とその趣旨，並びに「内容のまとまりごとの評価規準」作成の具体的な手順については，次ページ以降に記載している。

① 学習指導要領の「特別活動の目標」と改善等通知を確認する。

② 学習指導要領の「特別活動の目標」と自校の実態を踏まえ，改善等通知の例示を参考に，特別活動の「評価の観点」とその趣旨を設定する。

③ 学習指導要領の「各活動・学校行事の目標」及び学習指導要領解説特別活動編（平成30年7月）（以下学習指導要領解説）で例示した「各活動・学校行事における育成を目指す資質・能力」を参考に，各学校において育成を目指す資質・能力を重点化して設定する。

④ 【観点ごとのポイント】を踏まえ，「内容のまとまりごとの評価規準」を作成する。

4　高等学校特別活動における「評価の観点」とその趣旨，並びに「内容のまとまりごとの評価規準」の作成の具体的な手順

①　学習指導要領の「特別活動の目標」と改善等通知を確認する。

【高等学校特別活動の目標】

集団や社会の形成者としての見方・考え方を働かせ，様々な集団活動に自主的，実践的に取り組み，互いのよさや可能性を発揮しながら集団や自己の生活上の課題を解決することを通して，次のとおり資質・能力を育成することを目指す。
(1)　多様な他者と協働する様々な集団活動の意義や活動を行う上で必要となることについて理解し，行動の仕方を身に付けるようにする。
(2) 集団や自己の生活，人間関係の課題を見いだし，解決するために話し合い，合意形成を図ったり，意思決定したりすることができるようにする。
(3)　自主的，実践的な集団活動を通して身に付けたことを生かして，主体的に集団や社会に参画し，生活及び人間関係をよりよく形成するとともに，人間としての在り方生き方についての自覚を深め，自己実現を図ろうとする態度を養う。

【各学校における特別活動の観点の設定の仕方について】

初等中等教育局長通知（H31．３．29）（改善等通知）では次のように示されている。

（前略）評価の観点については，高等学校学習指導要領等に示す特別活動の目標を踏まえ，各学校において別紙５を参考に定める。その際，特別活動の特質や学校として重点化した内容を踏まえ，例えば「主体的に生活や人間関係をよりよくしようとする態度」などのように，より具体的に定めることも考えられる。（後略）

②　学習指導要領の「特別活動の目標」と自校の実態を踏まえ，改善等通知の例示を参考に，特別活動の「評価の観点」とその趣旨を設定する。

各学校においては，高等学校学習指導要領に示された特別活動の目標及び内容を踏まえ，自校の実態に即し，改善等通知の例示を参考に観点を作成する。その際，例えば次に示すように，特別活動の特質や学校として重点化した内容を踏まえて，具体的な観点を設定することが考えられる。

【特別活動における「評価の観点」及びその趣旨をもとにした例】

よりよい生活を築くための知識・技能	集団や社会の形成者としての思考・判断・表現	主体的に生活や人間関係をよりよくしようとする態度
多様な他者と協働する様々な集団活動の意義や，活動を行う上で必要となることについて理解している。 自己の生活の充実・向上や自己	所属する様々な集団や自己の生活の充実・向上のため，問題を発見し，解決方法を話し合い，合意形成を図ったり，意思決定をしたりして実践してい	生活や社会，人間関係をよりよく構築するために，自主的に自己の役割や責任を果たし，多様な他者と協働して実践しようとしている。

実現に必要となる情報及び方法を理解している。 よりよい生活を構築するための話合い活動の進め方，合意形成の図り方などの技能を身に付けている。	る。	主体的に人間としての在り方生き方について考えを深め，自己実現を図ろうとしている。

【特別活動における資質・能力の視点（「人間関係形成」）をもとに重点化を図った例】

互いの可能性を生かす関係をつくるための知識・技能	協働してよりよい集団生活を築くための思考・判断・表現	主体的に多様な他者と関係を深めようとする態度
個人と集団との関係性及び集団活動の意義を理解し，社会生活におけるルールやマナーに則った行動の仕方を身に付けている。	様々な場面で，自分と異なる考えや立場にある多様な他者を尊重して認め合い，支え合ったり補い合ったりして，合意形成や意思決定をしている。	様々な集団に積極的に所属し，他者の価値観や個性を受け入れ，新たな環境のもとで互いのよさや可能性を発揮できる関係を築こうとしている。

【特別活動における資質・能力の視点（「社会参画」）をもとに重点化を図った例】

集団や社会の一員として活動するために必要な知識・技能	集団や社会の課題を解決するための思考・判断・表現	よりよい集団や社会の形成に向けて主体的に自己を生かす態度
ホームルーム・学校集団や社会生活の中で他者と協力して役割を果たすことの意義を理解し，課題解決に向けた話合いの進め方を身に付けている。	ホームルームや学校，社会生活の充実・向上のために課題を発見し，集団としての解決方法を合意形成したり，個人としての実践目標を意思決定したりするとともに，決めたことを実践している。	現在及び将来の自己の活動や役割を振り返るとともに，進路や社会に関する情報を収集・整理し，人間としての生き方を選択・実行しようとしている。

【特別活動における資質・能力の視点（「自己実現」）をもとに重点化を図った例】

将来の自己と学びを結びつけて行動するために必要な知識・技能	人間としての在り方生き方をよりよいものにするための思考・判断・表現	主体的に人間としての在り方生き方を選択・実行しようとする態度
将来の社会的・職業的な自立と現在の学習とのつながりを理解し，自己の生活をよりよくするために自分にできることを理解している。	集団の中で，個々人が共通して直面する現在及び将来に関わる課題を発見するとともに，必要な情報を収集・整理して考察し，解決に向けて意思決定して実践している。	日常の生活や自己の在り方を自主的に改善するとともに，将来を思い描き，自分らしい在り方生き方について自覚を深め，主体的に選択・実行しようとしている。

③　学習指導要領の「各活動・学校行事の目標」及び学習指導要領解説で例示した「各活動・学校行事における育成を目指す資質・能力」を参考に，各学校において育成を目指す資質・能力を重点化して設定する。

学習指導要領解説では，各活動・学校行事の内容ごとに育成を目指す資質・能力が例示されている。そこで，学習指導要領で示された「各活動・学校行事の目標」及び学習指導要領解説で例示された「資質・能力」を確認し，各学校の実態に合わせて育成を目指す資質・能力を重点化して設定する。

④　【観点ごとのポイント】を踏まえ，「内容のまとまりごとの評価規準」を作成する。

特別活動の目標や各活動・学校行事の目標，各学校で設定した各活動・学校行事において育成を目指す資質・能力を踏まえて，「内容のまとまりごとの評価規準」を作成する。

＊各学校で作成した評価の観点や育成を目指す資質・能力をもとに，学習指導要領で示された各活動・学校行事の「内容」に即して，評価規準を作成する。

【評価規準の作成のポイント】

○「知識・技能」のポイント

- 「知識・技能」は，話合いや実践活動における意義の理解や基本的な知識・技能の習得として捉え，評価規準を作成する。
- 学習指導要領解説における資質・能力の例に示されている内容の意義を確認する。
- 文末を「～を理解している」「～を身に付けている」とする。

○「思考・判断・表現」のポイント

- 「思考・判断・表現」は，話合いや実践活動における，習得した基本的な知識・技能を活用して課題を解決することと捉え，評価規準を作成する。
- 「表現」は，これまでと同様に言語による表現にとどまらず，行動も含んで捉えることとする。
- 文末を「～している」とする。

○「主体的に学習に取り組む態度」のポイント

- 「主体的に学習に取り組む態度」は，自己のよさや可能性を発揮しながら，主体的に取り組もうとする態度として捉え，評価規準を作成する。
- 身に付けた「知識及び技能」や「思考力・判断力・表現力等」を生かして，よりよい生活を築こうとしたり，よりよく生きていこうとしたりする態度の観点を具体的に記述する。
- 各活動・学校行事において，目標をもって粘り強く話合いや実践活動に取り組み，自らの活動の調整を行いながら改善しようとする態度を重視することから，「見通しをもったり振り返ったりして」という表現を用いる。
- 文末を「～しようとしている」とする。

なお，ホームルーム活動の「内容のまとまり」は，ホームルーム活動(1)，(2)，(3)である。
次にホームルーム活動(1)を例に評価規準作成の手順を示す。

<ホームルーム活動「(1) ホームルームや学校における生活づくりへの参画」を例にした手順>

(ア) 学習指導要領の「特別活動の目標」と自校の実態を踏まえて改善等通知の例示を参考に作成した特別活動の評価の観点を確認する。

(イ)「ホームルーム活動の目標」及び学習指導要領解説で例示した「ホームルーム活動(1)において育成を目指す資質・能力」を確認し，自校として育成を目指す資質・能力を設定する。

【ホームルーム活動の目標】

ホームルームや学校での生活をよりよくするための課題を見いだし，解決するために話し合い，合意形成し，役割を分担して協力して実践したり，ホームルームでの話合いを生かして自己の課題の解決及び将来の生き方を描くために意思決定して実践したりすることに，自主的，実践的に取り組むことを通して，第１の目標に掲げる資質・能力を育成することを目指す。

【ホームルーム活動(1)において育成することが考えられる資質・能力の例】

ホームルーム活動においては，例えば次のとおりの資質・能力を育成することが考えられる。

○　ホームルームや学校の生活を向上・充実するために諸問題を話し合って解決することや他者を尊重し，協働して取り組むことの大切さを理解し，合意形成の手順や活動の方法を身に付けるようにする。

○　ホームルームや学校の生活を向上・充実するための課題を見いだし，解決するために話し合い，多様な意見を生かして合意形成を図り，協働して実践することができるようにする。

○　生活上の諸問題の解決や，協働し実践する活動を通して身に付けたことを生かし，ホームルームや学校における生活や人間関係をよりよく形成し，多様な他者と協働しながら日常生活の向上・充実を図ろうとする態度を養う。　（高等学校学習指導要領解説特別活動編 P42）

(ウ) 観点ごとの評価規準を作成する。

学習指導要領第５章第３の１の(2)で，次のとおり示している。

(2) 各学校においては，次の事項を踏まえて特別活動の全体計画や各活動及び学校行事の年間指導計画を作成すること。

ア　学校の創意工夫を生かし，ホームルームや学校，地域の実態，生徒の発達の段階などを考慮すること。

イ　第２に示す内容相互及び各教科・科目，総合的な探究の時間などの指導との関連を図り，生徒による自主的，実践的な活動が助長されるようにすること。特に社会において自立的に生きることができるようにするため，社会の一員としての自己の生き方を探求するなど，人間としての在り方生き方の指導が行われるようにすること。

ウ　家庭や地域の人々との連携，社会教育施設等の活用などを工夫すること。その際，ボランティア活動などの社会奉仕の精神を養う体験的な活動や就業体験活動などの勤労に関わる体験的な活動の機会をできるだけ取り入れること。

ホームルーム活動においても，生徒の発達の段階などを考慮し，評価規準を作成することが考えられる。

【ホームルーム活動「(1) ホームルームや学校における生活づくりへの参画」の評価規準（例）】

よりよい生活を築くための知識・技能	集団や社会の形成者としての思考・判断・表現	主体的に生活や人間関係をよりよくしようとする態度
ホームルームや学校の生活を向上・充実するために諸問題を話し合って解決することや他者を尊重し，協働して取り組むことの大切さを理解している。 合意形成の手順や活動の方法を身に付けている。	ホームルームや学校の生活を向上・充実するための課題を多角的に見いだしている。 課題を解決するために話し合い，多様な意見を生かして合意形成を図り，協働して実践している。	ホームルームや学校における生活や人間関係をよりよく形成し，多様な他者と積極的に協働しながら日常生活の向上・充実を図ろうとしている。

＊ ホームルーム活動(1)以外のホームルーム活動(2)(3)，生徒会活動，学校行事（５種類）についての評価規準の設定例は，次ページからの補足資料参照のこと。

＊ 評価の観点については，学習指導要領の「特別活動の目標」と自校の実態を踏まえて，改善等通知の例示を参考に各学校で作成すること。参考の仕方については，以下を参照のこと。

【改善等通知を参考に作成した特別活動における「評価の観点」及びその趣旨の例】

自己と集団の生活を充実させるための知識・技能	集団や社会の形成者としての思考・判断・表現	主体的に人間としての在り方生き方を設計しようとする態度
ア多様な他者と協働する様々な集団活動の意義を理解するとともに，イよりよい生活を構築するための情報収集の方法や話合いの手順を身に付けている。	ウ所属する様々な集団や自己の生活を改善するため，問題を発見し，解決に向けて合意形成したり意思決定したりするとともに，決めたことを日常で実践している。	エ集団生活において自主的に自己の役割や責任を果たす中で，オ主体的に人間としての在り方生き方について考えを深め，現在及び将来の生活を改善しようとしている。

＊　（↑　改善等通知の例示から）

知識・技能	思考・判断・表現	主体的に学習に取り組む態度
ア多様な他者と協働する様々な集団活動の意義や，活動を行う上で必要となることについて理解している。 自己の生活の充実・向上や自己実現に必要となるイ情報及び方法を理解している。 イよりよい生活を構築するための話合い活動の進め方，合意形成の図り方などの技能を身に付けている。	ウ所属する様々な集団や自己の生活の充実・向上のため，問題を発見し，解決方法を話し合い，合意形成を図ったり，意思決定をしたりして実践している。	エ生活や社会，人間関係をよりよく構築するために，自主的に自己の役割や責任を果たし，多様な他者と協働して実践しようとしている。 オ主体的に人間としての在り方生き方について考えを深め，自己実現を図ろうとしている。

＊補足資料

【ホームルーム活動「(2) 日常の生活や学習への適応と自己の成長及び健康安全」の評価規準（例）】

よりよい生活を築くための 知識・技能	集団や社会の形成者としての 思考・判断・表現	主体的に生活や人間関係を よりよくしようとする態度
自己の生活上の課題の改善に向けて主体的に取り組むことの意義を理解している。 適切な意思決定を行い，実践し続けていくために必要な知識や行動の仕方を身に付けている。	人間としての在り方生き方についての自覚を深め，自己の生活や学習への適応及び自己の成長に関する課題を見いだしている。 多様な視点から課題の解決方法を探り，自ら意思決定して実践している。	他者への尊重と思いやりを深めて互いのよさを生かす関係をつくろうとしている。 他者と協働して自己の生活上の課題解決に向けて，見通しをもったり振り返ったりしながら，悩みや葛藤を乗り越え取り組もうとしている。 自他の健康で安全な生活を進んで構築しようとしている。

【ホームルーム活動「(3) 一人一人のキャリア形成と自己実現」の評価規準（例）】

よりよい生活を築くための 知識・技能	集団や社会の形成者としての 思考・判断・表現	主体的に生活や人間関係を よりよくしようとする態度
社会の中で自分の役割を果たしながら，自分らしい生き方を実現していくことの意義を理解している。 現在の学習と将来の社会・職業生活とのつながりを考えるために，必要な知識及び技能を身に付けている。	現在の自己の学習に関する課題、及び将来の在り方生き方や進路についての課題を見いだしている。 主体的に学習に取り組み，働くことや社会に貢献すること，自己の将来について，適切な情報を収集して考え，意思決定して実践している。	将来の生き方を描き，現在の生活や学習の在り方を振り返ろうとしている。 働くことと学ぶことの意義を意識し，社会的・職業的自立に向けて，現在及びおよび将来の生活を改善しようとしている。

【生徒会活動の評価規準（例）】

よりよい生活を築くための 知識・技能	集団や社会の形成者としての 思考・判断・表現	主体的に生活や人間関係を よりよくしようとする態度
生徒会やその中に置かれる委員会など、異年齢により構成される民主的かつ自治的組織における活動の意義について理解している。 よりよい学校・地域・社会づくりに向けて，主体的に参画する	生徒会において，学校や地域全体の生活をよりよくするための課題を見いだしている。 学校や地域における課題解決のために話し合い，合意形成や意思決定することで，よりよい人間関係を形成している。	自治的な集団や地域における活動を通して身に付けたことを生かして，多様な他者と協働し，学校や社会での生活の改善を図ろうとしている。 入学から卒業までという視野，全校や地域という視野で見通

ための行動の仕方を身に付けている。		しをもったり振り返ったりしながら，よりよい生活を築こうとしている。

第2編

【学校行事「(1) 儀式的行事」の評価規準（例)】

よりよい生活を築くための知識・技能	集団や社会の形成者としての思考・判断・表現	主体的に生活や人間関係をよりよくしようとする態度
儀式的行事の意義や，場面にふさわしい参加の仕方について理解している。 規律や気品のある行動の仕方などを身に付けている。	学校生活の節目の場において将来を見通したり，これまでの生活を振り返ったりしながら，新たな生活への自覚を高め，気品ある行動をしている。	厳粛で清新な気分を味わい，行事を節目として，見通しをもったり振り返ったりしながら，新たな生活への希望や意欲につなげようとしている。

【学校行事「(2) 文化的行事」の評価規準（例)】

よりよい生活を築くための知識・技能	集団や社会の形成者としての思考・判断・表現	主体的に生活や人間関係をよりよくしようとする態度
美しいものや優れたものを創り出し，自ら発表し合ったり，芸術的なものや伝統文化を鑑賞したりする活動に必要な知識や技能を身に付けている。	日頃の学習活動の成果発表や芸術，伝統文化に触れる中で，個性を認め，互いに高め合いながら協力して実践している。	多様な文化芸術に親しむとともに，自己の成長を見通したり，振り返ったりしながら，自己を一層伸長させようとしている。

【学校行事「(3) 健康安全・体育的行事」の評価規準（例)】

よりよい生活を築くための知識・技能	集団や社会の形成者としての思考・判断・表現	主体的に生活や人間関係をよりよくしようとする態度
心身の健全な発達や健康の保持増進，事件や事故，災害等の非常時から安全に身を守ることの意義を理解し，必要な行動の仕方などを身に付けている。 体育的な集団活動の意義を理解し，規律ある集団行動の仕方などを身に付けている。	自他の健康や安全について他者と協力して，適切に判断し行動している。 運動することのよさについて考え，集団で思考し，協力して取り組んでいる。	見通しをもったり振り返ったりしながら，運動に親しみ，体力の向上に積極的に取り組むとともに， 心身ともに健康で安全な生活を実践しようとしている。

【学校行事「(4) 旅行・集団宿泊的行事」の評価規準（例)】

よりよい生活を築くための知識・技能	集団や社会の形成者としての思考・判断・表現	主体的に生活や人間関係をよりよくしようとする態度
豊かな自然や文化・社会に親し	日常とは異なる生活環境で，集	日常とは異なる環境や集団生

むことの意義を理解している。 校外における集団生活の在り方や社会生活上のルール，公衆道徳などについて理解し，必要な行動の仕方を身に付けている。	団生活の在り方や公衆道徳について考え，学校生活や学習活動の成果を活用している。	活において，自然や文化・社会に親しみ，見通しをもったり振り返ったりしながら，新たな視点から学校生活や学習活動の意義を考えようとしている。

【学校行事「(5) 勤労生産・奉仕的行事」の評価規準（例）】

よりよい生活を築くための知識・技能	集団や社会の形成者としての思考・判断・表現	主体的に生活や人間関係をよりよくしようとする態度
勤労の意義と尊さ，社会的・職業的な自立について理解している。 ボランティア活動などの体験活動の仕方を身に付けている。	勤労生産や奉仕に関して集団や社会に必要なことを見い出し，自分のできることを判断し実践している。 多様な他者と協力して，ボランティア活動などの体験活動に取り組んでいる。	勤労生産や奉仕活動に積極的に取り組み，見通しをもったり振り返ったりしながら，人間としての在り方生き方に関する自覚を深め，勤労観や職業観を醸成し，社会に貢献しようとしている。

第３編

学習評価について

（事例）

第１章　特別活動の学習評価を行うに当たっての基本的な考え方

特別活動においては，第２編でも示したように，学習指導要領の目標及び特別活動の特質，特性と学校の創意工夫を生かすということから，設置者ではなく，各学校が評価の観点を定めることとしている。

特別活動は，全校又は学年・学科を単位として行う活動があり，ホームルーム担任以外の教師が指導することも多いことから，各学校には評価体制を確立し共通理解を図って，生徒たちのよさや可能性を多面的，総合的に評価できるようにすることが求められる。

また，評価を通じて，教師が自己の指導の内容や方法，指導過程等を振り返り，より効果的な指導が行えるような工夫改善を図ることも求められる。

各学校においては，特別活動の特質を踏まえ，次のような評価の手順や留意点を参考にして，適切に評価を進めることが大切である。

１　評価の手順

①指導と評価の計画の作成	・特別活動の全体及び各活動・学校行事ごとの指導と評価の計画を作成する。
②評価のための基礎資料の収集	・計画に基づいて，評価のための基礎資料を収集する。
③評価の実施	・収集した資料を各学校で定めた所定の手続きにしたがって総合的に判断し，評価を行う。
④評価体制の改善	・評価結果を各学校における指導や評価体制の改善に生かす。

２　評価体制の確立

特別活動の全体計画及び各活動・学校行事ごとの指導と評価の計画を基に多くの教師による評価を反映させるなど，学校としての評価体制を確立することが大切である。

ホームルーム活動

主としてホームルーム担任が事前の見通しから事後の振り返りまでの生徒の様子から，積極的によさや可能性を見とるようにする。

生徒会活動，学校行事

※評価に必要な資料を収集する方法を工夫するとともに，それらがホームルーム担任の手元に収集され，活用されるようにする。

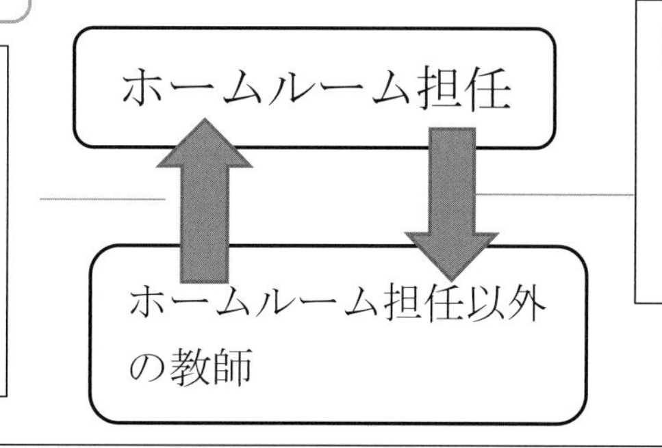

※個々の生徒の活動状況について担当する教師との間で情報交換を密にする。

※必要に応じて評価した結果を全教職員で共有し，指導に生かすことができるようにすること。

3　指導と評価の計画の作成

各活動・学校行事ごとの評価規準の作成

「目指す生徒の姿」の設定

・各学校で評価規準を設定する際には，第２編を活用し，ホームルーム活動(1) (2) (3)，生徒会活動，学校行事について，観点ごとに設定することが考えられる。

・１単位時間の指導計画においては，各活動・学校行事ごとに設定した評価規準に即して，事前・本時・事後における「目指す生徒の姿」を，具体的に設定することが考えられる。

　各学校においては，各活動・学校行事ごとに指導と評価を適切に位置付けた計画を作成することが大切である。特に，生徒会活動や学校行事については，学習指導要領第１章総則第２款の３の（３）のオにおいて，「生徒会活動及び学校行事については，学校の実態に応じて，それぞれ適切な授業時数を充てるものとする」と示されたことを受け，それぞれの目標やねらいが十分達成できるように，よく検討して適切に授業時数を充てるようにする。

4　多面的・総合的な評価の工夫

　特別活動においては，生徒が自己の活動を振り返り，新たな目標や課題がもてるようにする評価を進めるため，活動の結果だけでなく，活動の過程における生徒の努力や意欲などを積極的に認めたり，生徒のよさを多面的・総合的に評価したりすることが大切である。

　生徒一人一人を評価する方法としては，教師による観察が中心となるが，チェックリストや生徒自身の各種記録の活用など，評価方法の特質を生かして評価するようにする。特に，生徒が「活動に見通しをもって取り組み，活動を振り返って次の課題解決につなげたり，改善したりする」等，自主的，実践的に取り組むことができるようにするために，生徒の学習活動として，自己評価や相互評価を行うことも多い。したがって，観察による教師の評価と併せて，生徒自身による評価を参考にすることも考えられる。

　また，生徒一人一人のよさや可能性を生かし伸ばす点から，好ましい情報や資料は，随時，当該生徒に伝えたり，ホームルームや学年・学科，学校全体に紹介したりすることが考えられる。

5　評価機会の工夫

　特別活動は，活動の積み重ねにより年間を通して生徒の資質・能力の育成を図るものである。すべての評価の観点について，事前・本時・事後の一連の学習過程の中で評価できるようにしたり，各活動・学校行事における顕著な事項は補助簿を活用して記録したりしておき，一定期間に実施した活動や学校行事を評価規準に基づき，まとめて評価するなど，効果的で効率的な評価となるよう配慮する必要がある。例えば学校行事において，「２年生ではインターンシップ（就業体験活動）については全員が振り返りを書くとともに活動の状況を評価する」というように，一年間の学校行事を見通して重点化を図ることも考えられる。その際，一人一人の生徒が振り返りをカードに記録したり，教師が補助簿に記載したりするなど，記録に残し，評価に生かすようにする。

6　高等学校生徒指導要録における特別活動の記録

各学校で定めた評価の観点を指導要録に記入した上で，各活動・学校行事ごとに，十分満足できる活動の状況にあると判断される場合に，○印を記入する。学習指導要領に示す特別活動の目標や学校として重点化した内容を踏まえ，下の記入例のように，より具体的に評価の観点を示すことが考えられる。

【高等学校生徒指導要録（参考様式）様式２（第２学年）の記入例】

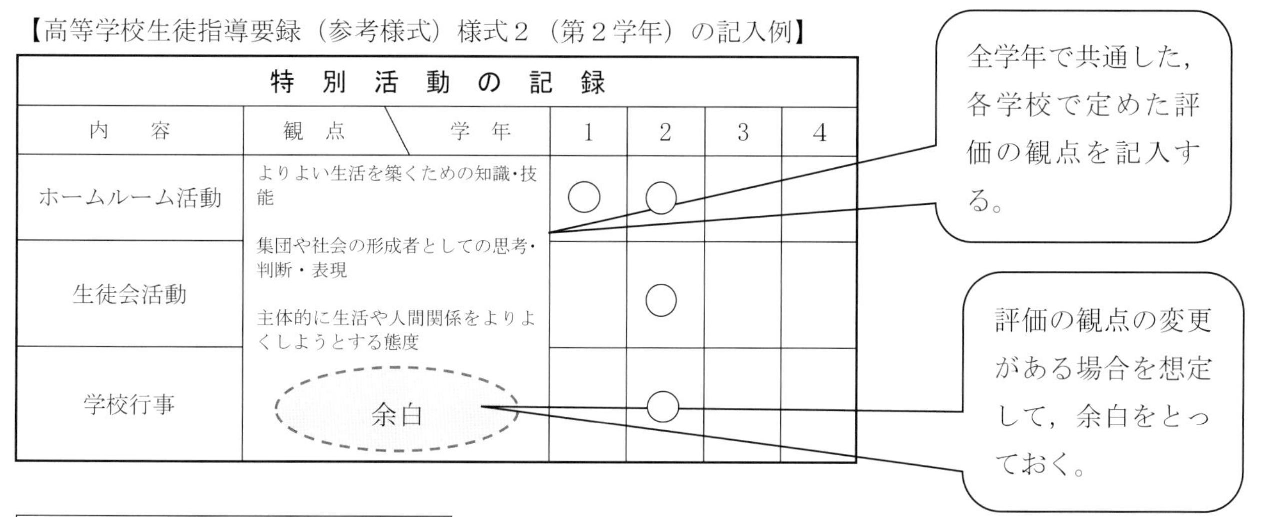

特　別　活　動　の　記　録					
内　　容	観　点　＼　学　年	1	2	3	4
ホームルーム活動	よりよい生活を築くための知識・技能 集団や社会の形成者としての思考・判断・表現 主体的に生活や人間関係をよりよくしようとする態度	○	○		
生徒会活動			○		
学校行事	余白		○		

十分満足できる活動の状況について

指導と評価にあたっては，各学校で「十分満足できる活動の状況」とは「生徒のどのような姿」を指すのかを検討し，共通理解を図ってその取組を進めることが求められる。そのうえで，「目指す生徒の姿」に照らして，十分満足できる活動の状況がみられた場合に指導要録に○を付ける。

なお，生徒のよさや可能性を積極的に評価することが大切である。

第3編

第２章　学習評価に関する事例について

１　特別活動の事例の特徴

第１編第１章２（４）で言及した学習評価の基本的な方向性を踏まえつつ，平成 30 年改訂学習指導要領の趣旨・内容の徹底に資する評価の事例を示せるよう，本参考資料における各活動・学校行事の事例は，原則として以下のような方針を踏まえたものとしている。

特別活動は，全校又は学年・学科を単位として行う活動があり，また，ホームルーム担任以外の教師が指導することもある。

このため，本参考資料（特別活動編）においては，学習指導要領に示された各活動・学校行事ごとに工夫例を交えながら評価の進め方や留意点等について記述している。

○　１単位時間や年間の指導と評価の計画を示している

本参考資料で提示する事例は，いずれも，各活動・学校行事における議題や題材，活動の一つを例にとり，１単位時間の指導計画を示すとともに，「内容のまとまりごとの評価規準」に即して，本時における「目指す生徒の姿」を具体的に示した。

また，評価結果を生徒の学習や教師の指導の改善に生かすまでの一連の学習評価の流れを念頭において，事前から事後までの一連の学習過程を指導案の形で表し，「目指す生徒の姿」を本時の展開の中で具体的に示している。

○　評価方法の工夫を示している

各活動・学校行事において，特別活動ファイルやワークシート，活動の振り返りなどを活用した評価方法や補助簿を活用した評価方法などを資料として提示するなど，特別活動の特質や特性を踏まえて，評価方法の多様な工夫について示している。

また，特別活動は，全校又は学年・学科を単位として行う活動があり，また，ホームルーム担任以外の教師が指導することもある。そこで，ホームルーム担任と各担当との連携の在り方についても示している。

○　総括する評価について示している

特別活動は，各教科のように観点ごとの評価（ＡＢＣ）や評定はなく，指導要録において，観点を踏まえて，各活動・学校行事ごとに生徒の取組を総括的に評価するものである。

ホームルーム活動については，ホームルーム活動(1)(2)(3)の各活動における評価を総括する評価の仕方など，評価を総括する例を示すとともに，学習カードを活用した評価の工夫例や，年間を通じた評価結果を蓄積する工夫例についても示している。

2　各事例概要一覧と事例

事例１　**キーワード　ホームルーム活動（１）の指導と評価の計画から評価の総括まで**
「よりよいホームルームをつくるために」(ア　ホームルームや学校における生活上の諸問題の解決)（第２学年）

事例１は，ホームルーム活動（１）「ホームルームや学校における生活づくりへの参画」の指導計画と評価の事例である。

第２学年のホームルーム開きにあたって，ホームルームの生活の向上や充実を議題とした話合い活動や実践活動についての一連の活動計画例，１単位時間の指導計画例，ワークシートを参考とした評価の工夫例を示した。また，教師の補助簿を活用して評価結果を累積する工夫例についても取り上げた。

事例２　**キーワード　ホームルーム活動（３）の指導と評価の計画から評価の総括まで**
「インターンシップを学校生活につなごう」(ウ　社会参画意識の醸成や勤労観・職業観の形成)（第２学年）

事例２は，ホームルーム活動（３）「一人一人のキャリア形成と自己実現」の指導計画と評価の事例である。第２学年のインターンシップ（就業体験活動）における学びを，よりよい生活づくりに生かすことを題材にした一連の活動計画例，１単位時間の指導計画例，「キャリア・パスポート」を参考とした評価の工夫例を示した。また，教師の補助簿を活用して評価結果を累積する工夫例についても取り上げた。

事例３　**キーワード　生徒会活動の指導と評価の計画から評価の総括まで**
「よりよい学校をつくる」（１）生徒会の組織づくりと生徒会活動の計画や運営（全学年）

事例３は，生徒会活動「生徒会の組織づくりと生徒会活動の計画や運営」の指導計画と評価の事例である。生徒総会で提案される議案書をよりよいものにする活動を通じて学校生活を見直すことを議題にした一連の活動計画例，１単位時間の指導計画例，ワークシートを参考とした評価の工夫例を示した。また，教師の補助簿を活用して評価結果を累積する工夫例についても取り上げた。

事例４　**キーワード　学校行事の指導と評価の計画から評価の総括まで**
文化祭「互いのよさを生かそう」（（２）文化的行事）（全学年）

事例４は，学校行事「文化的行事」の指導計画と評価の事例である。文化祭を通じてホームルーム生活の改善や自己実現を図ることをテーマ（題材，議題）にした一連の活動計画例，１単位時間の指導計画例，ワークシートを参考とした評価の工夫例を示した。また，教師の補助簿を活用して評価結果を累積する工夫例について取り上げた。

資料１　**キャリア教育の充実を図る特別活動の実践**

資料２　**指導に生かす評価**

特別活動　　事例１
キーワード　ホームルーム活動（１）の指導と評価の計画から評価の総括まで

議題
第２学年
「よりよいホームルームをつくるために」
（ホームルームの目標を決めよう）

内容のまとまり
ホームルーム活動（１）ホームルームや学校における生活づくりへの参画
関連：生徒会活動（１）生徒会の組織づくりと生徒会活動の計画や運営

１　ホームルーム活動（１）で育成を目指す資質・能力

○　ホームルームや学校の生活を向上・充実させるために諸問題を話し合って解決することや他者を尊重し，協働して取り組むことの大切さを理解し，合意形成の手順や活動の方法を身に付けている。
○　ホームルームや学校の生活の向上・充実のための課題を見いだし，解決について話し合い，多様な意見を生かして合意形成を図り，協働して実践することができる。
○　生活上の諸問題の解決や，協働し実践する活動を通して身に付けたことを生かし，ホームルームや学校における生活や人間関係をよりよく形成し，多様な他者と協働しながら日常生活の向上・充実を図ろうとしている。

２　評価規準（内容のまとまりごとの評価規準）

よりよい生活を築くための知識・技能	集団や社会の形成者としての思考・判断・表現	主体的に生活や人間関係をよりよくしようとする態度
ホームルームや学校の生活を向上・充実するために諸問題を話し合って解決することや他者を尊重し，協働して取り組むことの大切さを理解している。 合意形成の手順や活動の方法を身に付けている。	ホームルームや学校の生活を向上・充実するための課題を多角的に見いだしている。 課題を解決するために話し合い，多様な意見を生かして合意形成を図り，協働して実践している。	ホームルームや学校における生活や人間関係をよりよく形成し，多様な他者と積極的に協働しながら日常生活の向上・充実を図ろうとしている。

３　指導と評価の計画

ホームルーム活動（1）「ホームルームや学校における生活づくりへの参画」の指導計画と評価の事例である。第２学年のホームルーム開きに当たって，ホームルームの生活の向上や充実を議題とした話合い活動や実践活動についての一連の活動計画例，１単位時間の指導計画例，ワークシートを参考とした評価の工夫例を示した。また，教師の補助簿を活用して評価結果を累積する工夫例についても取り上げた。

【一連の活動と評価】

時間	議題及び題材 ねらい・学習活動	目指す生徒の姿		
		知識・技能	思考・判断・表現	主体的に学習に取り組む態度
始業式後	「ホームルーム開き」			
ホームルーム活動	「居心地のよいホームルームを築くためのホームルーム目標を決めよう」 ○ねらい ・ホームルームの目標を決める意義を理解した上で諸活動に取り組む。 ○活動 ・これまでのホームルームについての振り返りから課題を見つける。今年度は何を大切にするホームルームにしたいかを明確にし，グループで共有する。 ・グループごとにホームルームの目標案を考える。 ・グループ案を全体で共有し，ホームルームの目標を決める。	よりよいホームルームを築くために，一人ひとりが自覚と責任を持ち，他者と協力して取り組むことが大切であることを理解している。 よりよい学校生活を構築するための話合いや活動の進め方，合意形成に向けた手順や活動の仕方を身に付けている。	ホームルームをよりよくするための課題を見いだしている。 互いの意見や考えを認め合いながら話し合い，合意形成を図り，協働して取り組んでいる。	ホームルームの一員として，自らの役割や人間関係などを振り返ったり見通したりしながら議論に参加し，これからのホームルームや，学校生活の向上・充実を図ろうとしている。
ホームルーム活動	「『キャリア・パスポート』を使って自分目標を考えよう」 ○ねらい ・今学期/今年度で身に付けたい力と具体的目標を明確にする。 ○活動 ・ホームルームの一員として，その目標を達成するためにできること，やるべきことを明らかにし，自分目標を設定する。 ・ホームルーム役員を決める。	主体的に組織をつくること，役割を分担することの意義を理解している。		ホームルームにおける生活や人間関係をよりよく形成し，さらに日常生活の向上や充実を図るために，自らの行動を変容させようとしている。 互いの個性を生かして主体的に組織をつくろうとしている。

学校行事 終業式後や行事後の振り返り	「『キャリア・パスポート』を使ってホームルームの目標，自分目標の達成度を確認しよう」 ○ねらい ・目標の達成度を確認する。 ○活動 ・学期の終わりや始まり，行事後などはもちろん，定期考査後などにおいて，ホームルームの目標とその達成に向けてのホームルーム全体としての取組，個人の取組を点検する。 ・必要であればホームルームの目標を修正する。	ホームルームの目標の達成に向けた課題を解決することや，他者と協働して取り組むことの大切さを理解している。	ホームルームの目標の達成のために解決すべき課題や，必要な行動変容を見いだしている。 課題の解決に向けた話合いや合意形成に協働して取り組んでいる。	ホームルームにおける生活や人間関係をよりよく形成し，さらに日常生活の向上や充実を図るために，自らの行動を改善しようとしている。

※ホームルームの目標は，設定して終わりになることがないようにする必要がある。そのため，ホームルームの目標，個人の目標設定後に，それらの達成度を確認する時間を設定した。この時間のみならず，年間を通してそれぞれの目標やその設定の過程での話合いが意識されているかという視点で生徒を見取っていくことになる。

4　ホームルーム活動「居心地のよいホームルームを築くための目標を決めよう」について

（1）議題

・居心地のよいホームルームを築くための目標を決めよう

ここでの「居心地のよい」はあくまでも一例である。ホームルームを担当する教師が自分の思いを生徒に伝え，生徒が自ら議題を設定し，ホームルームの生徒全員で話し合うことが重要である。ホームルームの目標を決め，生徒一人一人がその達成に向けて取り組むことで，ホームルームが単なる個の集まりから「チーム（集団）」に変わっていくことを実感できるように留意したい。

（2）目指す生徒の姿

・よりよいホームルームを築くために，一人一人が自覚と責任を持ち，他者と協力して取り組むことが大切であることを理解している。よりよい学校生活を構築するための話合い活動の進め方，合意形成に向けた手順や活動の仕方を身に付けている。

・ホームルームをよりよくするための課題を見いだしている。互いの意見や考えを認め合いながら話し合い，合意形成を図り，協働して取り組んでいる。

・ホームルームの一員として，自らの役割や人間関係などを振り返ったり見通したりしながら議論に参加し，これからのホームルームや，学校生活の向上・充実を図ろうとしている。

（３）本時の展開

	学習内容及び学習活動	○目指す生徒の姿
導入	「居心地のよいホームルームを築くための目標を決めよう」 1　アンケート（PMI）を利用して，これまでのホームルームについて振り返り，課題を見いだす。 2　「居心地のよい」の意味，ホームルームの目標の意義について理解する。	○ホームルームをよりよくするための課題を見いだしている。【思考・判断・表現】（ワークシート）
展開	「居心地のよいホームルーム」にするための目標を，シンキングツール（ピラミッド・チャート）を利用してまとめていく。 3　個人で記入したPMIのIの部分「ホームルームとして大切にしたいこと」を付箋に書き出し，ピラミッド・チャートを利用して整理する。（個人ワーク） 4　それぞれのピラミッド・チャートをグループ内で共有する。一人一人が付箋に書いた項目を分類したり共通項を見いだしたりして整理する。 5　４で整理した項目をもとに，グループで目標を一つまたは二つ決定し，ホームルーム全体で共有する。（各グループ１分でプレゼンする） 6　５で発表された目標案について，①それは居心地のよいホームルームにするために必要なことか，②自分たちの力で実現できることか，の視点で評価し，賛同できるものを選択し，その理由を発表し合う。 7　６の結果を参考に，ホームルームの目標を決定する。（少数意見にも耳を傾け，安易な多数決頼みにならないように留意する。また，なぜその案に賛成なのかの理由を丁寧に発表し合うことにより，よりよい目標に練り上げていくなど，生徒が納得感を持てるようにする。）	○ホームルームの一員として，自らの役割や人間関係などを振り返ったり見通したりしながら議論に参加し，合意形成に参加しようとしている。【主体的態度】（ワークシート・振り返りシート） ○合意形成に向けた手順や活動の仕方を身に付けている。【知識・技能】（観察） ○互いの意見や考えを認め合いながら話し合い，合意形成を図り，協働して取り組んでいる。【思考・判断・表現】（観察） ○合意形成に向けた手順や活動の仕方を身に付けている。【知識・技能】（観察・振り返りシート）
終末	8　本時の振り返り ・「居心地のよいホームルームを築くための目標を決める」活動に対して，どのように取り組むことができたか，決定した目標に対する思いを振り返りシートを用いて振り返る。（提出） ☆　次時はホームルームの目標を達成するために，一人一人に何ができるのか，何をすべきかを考えていくことを担任が説明する。	○よりよいホームルームを築くために，一人一人が自覚と責任を持ち，協力して取り組むことが必要であることを理解している。【知識・技能】（振り返りシート）

★PMI について

P Plus よいところ	M　Minus 改善が必要なところ	I　Interesting Important/大切にしたいこと

　PMI は上記のように，「よいところ(プラス)」「改善が必要なところ(マイナス)」「興味をもつこと・おもしろいところ(インタレスティング)」の三つの視点から意見を書き込んで自分の考えを整理し，意思決定を行う際に役に立つシンキングツールである。ここでは，I の「Interesting」を「Important」に変え，ホームルームとして何を大事にしたいかを書き出させるよう工夫した。何気なく感じていることを書き出す段階では，正解などはなく，自分の中にある思いを文字にすることで気持ちを整理し，その上で意思決定につなげることができる。

★ピラミッド・チャートについて

　ピラミッド・チャートは，多くのアイデアや情報を整理して明確にしたり主張を焦点化したりするために用いられる。ここでは， PMI で書き出した I のアイデアの中で何を一番重要視するかを明確にするために用いた。一番下にアイデアを並べ，その中でより重要だと思うものを上へと移していくと，自ずと一番何を大事にしたいかが分かる。

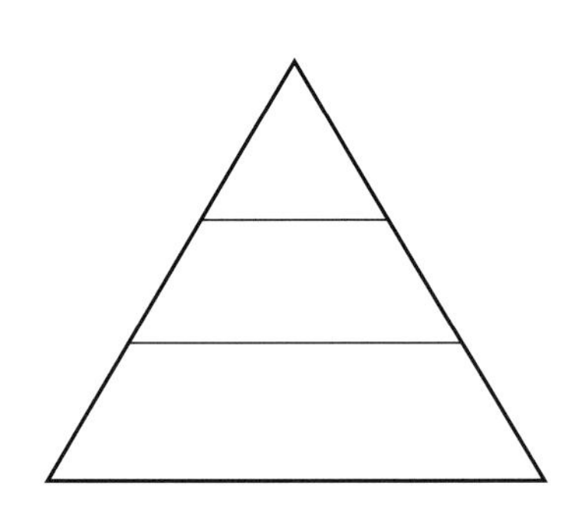

（4）　ワークシートの記述内容を参考にして評価する工夫例

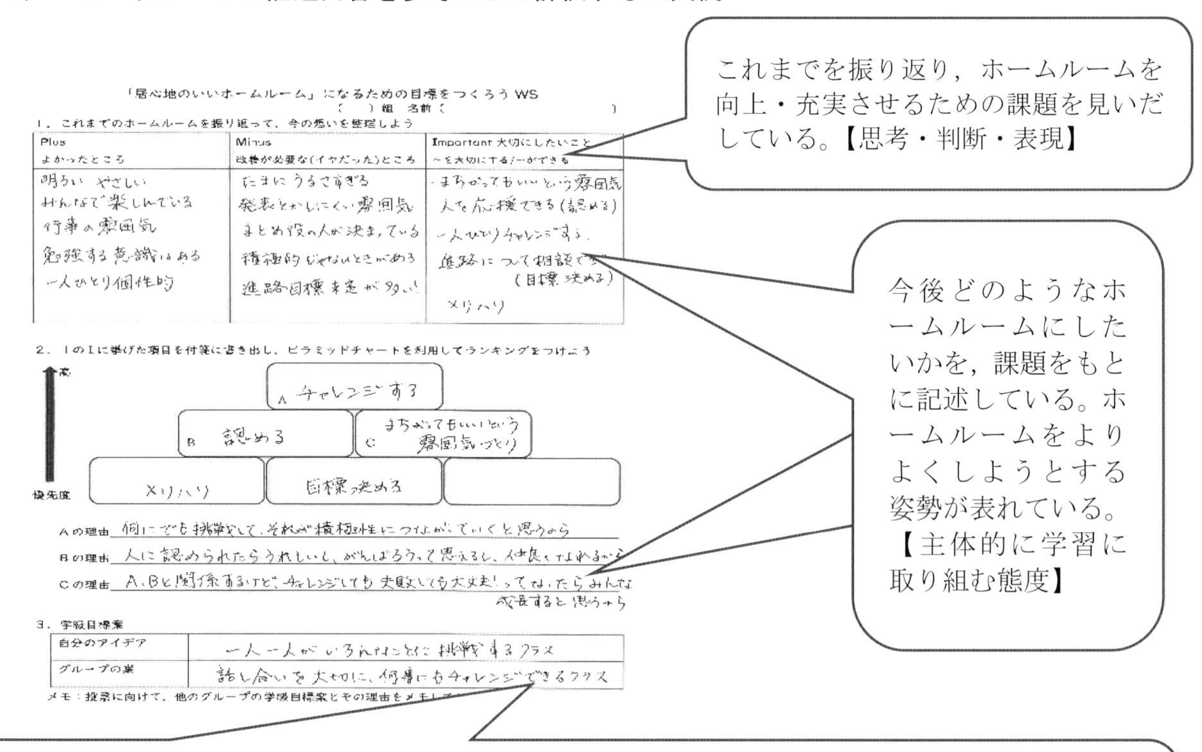

「居心地のいいホームルーム」になるための目標をつくろう WS
（　　）組　名前（　　　　　　　　）

1．これまでのホームルームを振り返って，今の想いを整理しよう

Plus よかったところ	Minus 改善が必要な(イヤだった)ところ	Important 大切にしたいこと ～を大切にする/～ができる
明るい　やさしい みんなで楽しんでいる 行事の雰囲気 勉強する意識はある 一人ひとり個性的	たまにうるさすぎる 発表とかしにくい雰囲気 まとめ役の人が決まっている 積極的じゃないときがある 進路目標未定が多い	・まちがってもいいという雰囲気 人を応援できる(認める) 一人ひとりチャレンジする。 進路について相談できる (目標決める) メリハリ

2．1のIに挙げた項目を付箋に書き出し，ピラミッドチャートを利用してランキングをつけよう

Aの理由　何にでも挑戦して，それが積極性につながっていくと思うから
Bの理由　人に認められたらうれしいし，がんばろうって思えるし，仲良くなれるから
Cの理由　A，Bと関係するけど，チャレンジしても失敗しても大丈夫!ってなったらみんな成長すると思うから

3．学級目標案

自分のアイデア	一人一人がいろんなことに挑戦するクラス
グループの案	話し合いを大切に，何事にもチャレンジできるクラス

メモ：投票に向けて，他のグループの学級目標案とその理由をメモし…

これまでを振り返り，ホームルームを向上・充実させるための課題を見いだしている。【思考・判断・表現】

今後どのようなホームルームにしたいかを，課題をもとに記述している。ホームルームをよりよくしようとする姿勢が表れている。【主体的に学習に取り組む態度】

ピラミッド・チャートで作成した優先順位（ランキング）を根拠に，グループでの話合いに参加しているか，関わり方はどうかを生徒の様子を観察し見取る。さまざまな意見を分類したり，共通項を見いだしたりしながら，合意形成に向けて取り組んでいるかどうかを観察の視点とする。【知識・技能】

（5）　振り返りシートを参考にして評価する工夫例

振り返りシート	あてはまる　　あてはまらない
1．主体的に話合いに取り組むことができた。	4・3・2・1
2．ホームルームの一員であるという意識で取り組むことができた。	4・3・2・1
具体的にどんな点を意識したか書いてみよう。（自由記述）	
3．これまでを振り返って，これからのホームルームを見通すことができた。	4・3・2・1
4．自分と異なる意見や考えも認めながら，自分の意見を伝えることができた。	4・3・2・1
5．作り上げたホームルームの目標に満足している。	4・3・2・1
⇒どんなところに満足していますか。または満足していませんか。（自由記述）	
6．ホームルームの目標を達成するために，自分にできること，するべきことは何だろう。	
具体的に書いておこう。（自由記述）	

この時間で目指す生徒の姿

○　よりよいホームルームを築くために，一人一人が自覚と責任を持ち，他者と協力して取り組むことが大切であることを理解している。よりよい学校生活を構築するための話合いや活動の進め方，合意形成に向けた手順や活動の仕方を身に付けている。【知識・技能】

○　ホームルームをよりよくするための課題を見いだしている。互いの意見や考えを認め合いながら話し合い，合意形成を図り，協働して取り組んでいる。【思考・判断・表現】

○　ホームルームの一員として，自らの役割や人間関係などを振り返ったり見通したりしながら議論に参加し，これからのホームルームや学校生活の向上・充実を図ろうとしている。【主体的に学習に取り組む態度】

生徒	5．6．の記述例	知識・技能	思考・判断・表現	主体的に学習に取り組む態度
A	今までできなかったことを考えて，直した方がよいところとかを意見交換してみんなで決めたから満足している。⇒① ホームルームで支え合える人になれるように目標を立ててがんばりたい。⇒②		①	②
B	満足。 ホームルームをよりよいものにするために，まずは学習面でみんなに貢献したい。⇒①			①
C	目標はホームルームのレベルをあげてくれるし，目標の達成をみんなで意識して取り組むことで団結力が生まれるから作れてよかった。⇒①	①		

自由記述の内容について，目指す生徒の姿にあてはまるかどうかを見取りたい。そのためには，何を振り返りシートから見取るのかを考えた上で，質問項目を設定する必要がある。ただ感想を書かせるのではなく，生徒が具体的に自らの考えを書き出すことができるように工夫したい。積極的に発言をする生徒やリーダー的な存在の生徒ばかりを評価しがちであるが，観察の際に見取ることができなかった生徒についてもワークシートの記述からきちんと評価することが大切である。以下に自由

記述欄からの評価の例を示す。

<生徒Aの評価例>

① これまでを振り返り，課題となることを見いだした上で自分の意見をもち，他者と意見交換した様子が分かることから【思考・判断・表現】の観点で評価できる。

② ホームルームの一員として，よりよいホームルームを構築するために自分の行動を変容させようとしていることから【主体的に学習に取り組む態度】の観点で評価できる。

<生徒Bの評価例>

① ホームルームの一員として，よりよいホームルームを構築するために自分の行動を変容させようとしていることから【主体的に学習に取り組む態度】の観点で評価できる。

<生徒Cの評価例>

① 目標が，よりよいホームルームを構築するためのものであり，一人ひとりがその目標の達成のために自覚と責任をもって取り組むことが大切であると考えていることが分かることから【知識・技能】の観点で評価できる。

（6） 総括的評価の工夫例

ホームルームの目標を決める活動について示したが，ホームルーム活動の内容（1）の「ホームルームや学校における生活づくりへの参画」の評価は，学期や学年を通して行われるべきものである。学期ごと，あるいは学年を通して，生徒がよりよいホームルームを築くためにどのくらいホームルームの目標を意識し，行動したかという点での評価については，一人ひとりが自らの学習状況やキャリア形成を見通したり，振り返ったりする「キャリア・パスポート」を有効に活用したい。

次に示すように，「キャリア・パスポート」から，その学期で生徒がどのようによりよいホームルームにするために意識し，行動してきたかを見取ることができる。ホームルームの目標達成に向けての自分の行動目標を【見通し】，その後【振り返り】において，自分の行動がよりよいホームルームを構築するための行動としてどう評価できるかを考えるよう促したい。個人としての目標への達成度を考えることで，よりよいホームルームづくりに貢献できるかという集団の中での自分を意識することができる。

また，ホームルームという集団としてその目標が達成されているのか，達成されていないならばその原因となる新たな課題の発見と，その課題の解決のために何をすべきかを再度ホームルーム活動で話し合うこともできる。

総括的評価の記入に当たっては「自己評価」を参考にしつつ，学期の振り返りの授業等で互いのよさを認めあう「相互評価」の記述も参考にしたい。なお，生徒の自己評価や相互評価は学習活動であり，それをそのまま学習評価とすることは適切ではないが，学習評価の参考資料として適切に活用することにより，生徒の学習意欲の向上につなげることができる。ここでは，生徒の自己評価，相互評価および教師の見取りによる評価を表にしてまとめ，最終的には担任による見取りとして総括している。各個人の活動状況も異なるため，何ができるようになったかという視点での生徒のよさの見取りも含めて評価できるように，さまざまな情報を活用しながら，積極的に生徒の変容を見取れるように努めたい。

ホームルーム活動の全体計画等において，学年や学期ごとに重点化した内容項目がある場合（例えば，1年生はまず「主体的に学習に取り組む態度の獲得をめざそう」など），教師からの評価の○が一つの場合でも総括的評価を○とする場合も考えられる。

担任による総括的評価については，教師間での統一した考え方が必要不可欠である。共通理解の上，年間の評価において教師からの評価に○が2個以上なら，総括的評価を○と判断することも考えられる。

	学期	知識・技能		思考・判断・表現		主体的に学習に取り組む態度		担任による総括的評価
		自己評価 相互評価	教師	自己評価 相互評価	教師	自己評価 相互評価	教師	
D	1学期	○						
	2学期	○○	○	○		○		○
	年間			○○	○	○○	○	
E	1学期							
	2学期					○	○	○
	年間	○		○		○	○	

１学期を見通し、振り返る　２年１学期

【見通し】　月　日
【振り返り】　月　日

（　）組　（　）番　名前（　　　　）

【見通し】
○P.3「一年を見通し、振り返る」で設定した１年間の目標を達成するために、今学期の間に、特に心がけて取り組もう(自分なりに努力してみよう)と思っていることを３つの分野それぞれでまとめよう。＝学期の目標決め

(教科学習の目標)・・・科目を選んで書いても構いません
○○ができるようになる！という目指すイメージを書く

上のイメージに近づくために、何をどのように取り組むか、具体的な方法を書く

(教科外活動の目標)学校行事・係活動・部活動など
○○ができるようになる！○○する！というイメージを書く

どのように取り組むか、具体的な方法を書こう

(学校外の活動等)地域活動・家庭内での取組・習い事など

どのように取り組むか、具体的な方法を書こう

ホームルームの目標を達成するために自分ができること，やるべきこと，意識することを具体的に書こう

次学期への改善点
新たに見えた課題の解決のための思いを書こう

【振り返り】
○今学期を振り返って、最初に決めた目標は達成できていますか。自分なりに取り組んできたことやよかったと思うことをまとめよう。その結果、どのような力がつきましたか。何ができるようになりましたか。

(教科学習の自己評価)
達成・ほぼ達成・あまりできなかった・できなかった
実際にやったこと、できたこと、よかったこと

どんな力がつきましたか。何ができるようになりましたか。

(教科外活動の自己評価)
達成・ほぼ達成・あまりできなかった・できなかった
実際にやったこと、できたこと、よかったこと

どんな力がつきましたか。何ができるようになりましたか。

(学校外の活動等の自己評価)
達成・ほぼ達成・あまりできなかった・できなかった
実際にやったこと、できたこと、よかったこと

どんな力がつきましたか。何ができるようになりましたか。

ホームルームの目標、達成度はどれくらいだろう

1	2	3	4	5	6	7	8	9	10

10でない場合，何ができてない？なぜ10じゃない？
⇒

ホームルームの目標達成のための自分目標の達成度は？

1	2	3	4	5	6	7	8	9	10

10でない場合，何ができてない？なぜ10じゃない？
⇒

学校目標である６つの力のうち、身についたものを○で囲もう。

つながる力　認める力　振り返る力
やりぬく力　見通す力　改善する力

先生からのメッセージ

<補助簿>

ホームルームや学校における生活づくりへの参画の機会は，学校生活のあらゆる場面に存在する。その場面での生徒の変容や成長を担任が中心となり見取ることは，全体を通しての総括的評価を行う上で必要不可欠である。これまでも生徒の何気ない行動の中からよさを見つけ，記録することは行われていたと思われるが，今後は，その記録を観点別に記録し整理したい。また，その記録に関しては生徒同士の他者評価や相互評価も参考にすることも考えられる。「キャリア・パスポート」を利用して，生徒同士の話合いの機会を作り，その様子から見取れることを補助簿に書き出していくことも有効である。ここでは，日々の活動や様子を観察し，蓄積していく評価補助簿を例示する。生徒のよさを積極的に見取り，記録を蓄積したい。

第3編
事例1

担任メモの番号と連動させた数字で整理し，根拠が分かるようにする。

生徒	知識・技能	思考・判断・表現	主体的に学習に取り組む態度	担任メモ	総括
F	①		②	①ホームルーム役員に立候補し，理想のホームルームについて自信を持って語り，話合いをスムーズに進めた。 ②ホームルームの団結力を高めるためにレクの実施を提案し，人間関係づくりに心を砕いた。	○
G	①	②	③	①ホームルームでの活動をスムーズに行うため，自分が何をすべきかをきちんと理解している。 ②大清掃の取組に向けて，特別分担メンバーを形成する必要性に気付き，話合いの中心となって行動し，割り振りを含め協力して取り組むことができた。 ③ホームルームの目標の話合いの場面では，自分と異なる意見についてもきちんと聞いた上で自らの考えを述べ，よりよいものをつくろうと合意形成を図っていた。	○
H	①		②	①ホームルームの目標決めの活動において，グループ内で出された意見を分類したり，共通項を見いだしたりするなど，合意形成に向けた意見の集約を積極的に行った。 ②「キャリア・パスポート」の記述において，ホームルームの目標をふまえた視点で自らの行動を変容させる目標を考えようとしている。	

日々のホームルーム活動，ホームルームの目標や生活のルールの見直し等についての話合いの様子を観察し，メモすることで評価に生かすことができる。

教師間で共通理解の上，年間の評価において教師からの評価に○が2個以上なら，総括的評価を○と判断することも考えられる。

特別活動　事例２ キーワード　「ホームルーム活動(3)の指導と評価の計画から評価の総括まで」

題材	内容のまとまり
第２学年 「インターンシップを学校生活につなごう」	ホームルーム活動(3)ー人一人のキャリア形成と自己実現 関連：学校行事(5)勤労生産・奉仕的行事

１　ホームルーム活動(3)で育成を目指す資質・能力

○　社会の中で自分の役割を果たしながら，自分らしい生き方を実現していくことの意義や，現在の学習と将来の社会･職業生活とのつながりを考えるために，必要な知識及び技能が身に付いている。

○　現在の自己の学習と将来の在り方生き方や進路についての課題を見いだし，主体的に学習に取り組み，働くことや社会に貢献することなど，自己の将来について，適切な情報を得ながら考え，意思決定して実践できる。

○　将来の生き方を描き，現在の生活や学習の在り方を振り返るとともに，働くことと学ぶことの意義を意識し，社会的・職業的自立に向けて現在及び将来の生活を改善しようとしている。

２　評価規準（内容のまとまりごとの評価規準）

よりよい生活を築くための知識・技能	集団や社会の形成者としての思考・判断・表現	主体的に生活や人間関係をよりよくしようとする態度
社会の中で自分の役割を果たしながら，自分らしい生き方を実現していくことの意義を理解している。 現在の学習と将来の社会・職業生活とのつながりを考えるために，必要な知識及び技能を身に付けている。	現在の自己の学習に関する課題，及び将来の在り方生き方や進路についての課題を見いだしている。 主体的に学習に取り組み，働くことや社会に貢献すること，自己の将来について，適切な情報を収集して考え，意思決定して実践している。	将来の生き方を描き，現在の生活や学習の在り方を振り返ろうとしている。 働くことと学ぶことの意義を意識し，社会的・職業的自立に向けて現在及び将来の生活を改善しようとしている。

３　指導と評価の計画

ホームルーム活動(3)「一人一人のキャリア形成と自己実現」の指導計画と評価の事例である。第２学年のインターンシップ（就業体験活動）における学びを，よりよい生活づくりに生かすことを題材にした一連の活動計画例，１単位時間の指導計画例，「キャリア・パスポート」を参考とした評価の工夫例を示した。また，教師の補助簿を活用して評価結果を累積する工夫例についても取り上げた。

【一連の活動と評価】

時間	議題及び題材 ねらい・学習活動	目指す生徒の姿		
		知識・技能	思考・判断・表現	主体的に学習に取り組む態度
学校行事　後期始業式（式後）	「後期の目標を設定しよう」 ○ねらい ・前期の反省を踏まえ，授業，学校行事，課外活動等を自分なりに努力してみようと思うことを設定する。 ○活動 ・「キャリア・パスポート」に２学年後期に取り組むことを記入する。	前期の振り返りを踏まえ，個人目標の設定方法を身に付けている。		主体的に「キャリア・パスポート」を活用して自己の学びを見通し，振り返ろうとしている。
学校行事	「インターンシップガイダンス」 ○ねらい ・自己の興味・関心とインターンシップの目的を理解する。 ○活動 ・インターンシップ事前調査書に希望体験場所と選定理由を記載する。※「働くこと」の事前アンケートを実施する（質問例は※２のとおり）	インターンシップの目的や自己の興味・関心を理解している。		主体的に希望体験場所を選定しようとしている。
学校行事	「働くということに関して考えよう」 ○ねらい ・インターンシップに向け，「働くこと」について事前の具体的なイメージをもち，インターンシップ後との比較材料とする。 ○活動 ・「働く意義」や「インターンシップを通じて，どのように成長したいのか」等記載する。	「自己の将来の在り方」や「インターンシップを通じてどのように成長したいのか」を理解している。	自分が社会で果たすべき役割について考え，自分が考える働く意義を説明している。	

ホームルーム活動	「インターンシップを学校生活につなごう」 ○ねらい ・インターンシップの経験から学校生活への自己の課題を見いだし，今後の学校生活の意欲を高める。 ○活動 ・インターンシップで記載した「キャリア・パスポート」をもとに，自己の課題を見いだし，意思決定する。		インターンシップを通して自分のよさや課題を見つけ，自己の学校生活につなげている。	見通しをもったり振り返ったりしながら，多面的な視点から自分について考え，自己の変化を捉えようとしている。
ホームルーム活動	「後期を振り返ろう」 ○ねらい ・後期の活動を振り返り，自己の学びの課題を見いだす。 ○活動（個人） ・後期の活動についてまとめる。		後期を振り返り，意思決定し実践したことを表現している。	後期を振り返ることにより，自己の学びの課題を見いだし，改善しようとしている。

※1　「後期の目標を設定しよう」以降，学期の始めや終わり，学校行事や学校生活において，継続的，系統的に生徒の変容を見取ること。

※2　インターンシップの事前・事後アンケートの質問例

（4（あてはまる）～1（あてはまらない）の4段階）

・私は「働くこと」によいイメージを持っている。
・私は「何のために働くのか」について理解している。
・私は現在，働くために必要な力をつけるための課題を明確にもっている。
・私は「働くこと」と「学校生活や授業で学ぶこと」につながりがあると思う。

事前・事後に同じ質問項目を用い，生徒の意識変容を見ることができる。さらに，今後や次年度の取組につなぐ資料となり，指導の改善につながる。

4　ホームルーム活動「インターンシップを学校生活につなごう」について

（1）　題材

インターンシップを学校生活につなごう

（2）　目指す生徒の姿

・　インターンシップを通して自分のよさや課題を見つけ，自己の学校生活につなげている。
・　見通しをもったり振り返ったりしながら，多面的な視点から自分について考え，自己の変化を捉えようとしている。

（3） 本時の展開

	生徒の活動	○目指す生徒の姿
導入	1 インターンシップを振り返る。 ・自分の「キャリア・パスポート」を読み返す。	※中学校の「キャリア・パスポート」も合わせて読み返す。(「働くこと」に関して) ※もし，そのような内容の「キャリア・パスポート」がない場合は，今回の「キャリア・パスポート」のみを読む。
展開	2 「働くことに対するイメージ」の変化を振り返る。 ・ワークシートＳＴＥＰ１を記入 3 「なぜ働くのか」の考えの変化を振り返る。 ・ワークシートＳＴＥＰ２を記入 4 ＳＴＥＰ１～２で変化した理由を考える。 ・ワークシートＳＴＥＰ３を記入 5 ＳＴＥＰ４ ・ワークシートＳＴＥＰ１～３に書いたことを共有する。 6 インターンシップを通して感じた「自分のよさ」と「自分の課題」を考える。 ・ワークシートＳＴＥＰ５を記入 7 ＳＴＥＰ６ ・ワークシートＳＴＥＰ５に書いたことを共有する。 8 現在の自分の学校生活の現状を振り返る。 ・ワークシートＳＴＥＰ７を記入 9 これからの学校生活で自分が取り組む内容をまとめる。 ・ワークシートＳＴＥＰ８を記入	※中学校の「キャリア・パスポート」を持っていない生徒もいるので，【事前】に記入した考えをもとに記入してもよい。 ○多面的な視点から自分について考えようとしている。【主体的に学習に取り組む態度】(観察・ワークシートＳＴＥＰ３) ※印象に残った発表内容については，メモをとる。 ○インターンシップを通して自分のよさや課題を見付けている。【思考・判断・表現】(ワークシートＳＴＥＰ５) ○インターンシップを通して自分のよさや課題を見つけ，自己の学校生活につなげている。【思考・判断・表現】(ワークシートＳＴＥＰ８)
終末	10 振り返りと今後の見通し 今回意思決定した内容について，今後の学校生活で実践し，学年末に振り返りを行う。	※今後のことを考える際は，過去や現在をしっかりと振り返ったり，未来を見通したりすることが重要であることを伝える。

（4） ワークシートの記述内容を参考にして評価する工夫例（「キャリア・パスポート」を活用して）

「キャリア・パスポート」は生徒の学習活動（自己評価や相互評価）であり，それをそのまま学習評価とすることは適切でないが，学習評価の参考資料として適切に活用することにより，生徒の学習意欲の向上につなげることもできる。また，ホームルーム活動(3)において「キャリア・パスポート」を活用することによって，よりよい意思決定につなげることができる。以下では，「キャリア・パスポート」をホームルーム活動(3)において活用して，対話的な活動を通して自己の課題を見いだし，学校生活につなぐ授業事例を参考に，評価例を示す。

＜生徒Ａの中学校第２学年の「キャリア・パスポート」＞

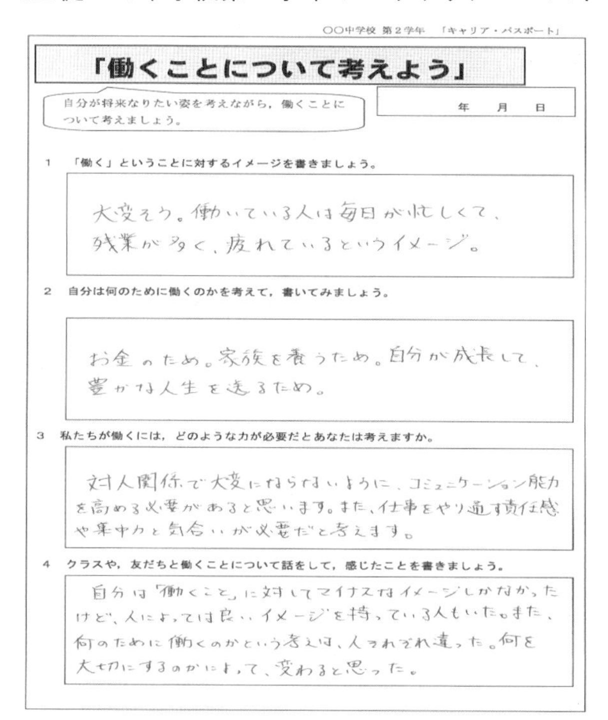

○○中学校 第２学年 「キャリア・パスポート」

「働くことについて考えよう」

自分が将来なりたい姿を考えながら，働くことについて考えましょう。

年　月　日

1 「働く」ということに対するイメージを書きましょう。

大変そう。働いている人は毎日が忙しくて、残業が多く、疲れているというイメージ。

2 自分は何のために働くのかを考えて，書いてみましょう。

お金のため。家族を養うため。自分が成長して、豊かな人生を送るため。

3 私たちが働くには，どのような力が必要だとあなたは考えますか。

対人関係で大変にならないように、コミュニケーション能力を高める必要があると思います。また、仕事をやり通す責任感や集中力と気合いが必要だと考えます。

4 クラスや，友だちと働くことについて話をして，感じたことを書きましょう。

自分は「働くこと」に対してマイナスなイメージしかなかったけど、人によっては良いイメージを持っている人もいた。また、何のために働くのかという考えは、人それぞれ違った。何を大切にするのかによって、変わると思った。

＜生徒Ａの高等学校第２学年の「キャリア・パスポート」（表面）＞　　＜同（裏面）＞

インターンシップについて（働くことに関して）

【事　前】　記入日　年　月　日

1 「働くこと」についての今の考え（「働く」ということに、どのようなイメージや考えをもっているか）

働いている人は毎日忙しそうで、自分がやりたくないことをやっている人は大変そう。一方、自分がやりたいことをやっている人は同じことをやっていても充実していそう。

2 自分は何のために働くのか

自分や家族が生活をするため。
老後のため（自分の趣味とか自分の時間を有意義に過ごすため）
欲しいものを買うため。

3 働くには、どのような力が必要か

対人関係で困らないように、高いコミュニケーション能力が必要だと思う。実際に働くときに即戦力となるように、専門的な技術や資格（パソコン等）も必要。また、自分で考えて行動する主体性も必要だと感じる。

4 受入先	5 体験先選定の理由
○○町役場	将来役場で働きたいと思ったから。

6 インターンシップを通じて、どんなことを得たいのか

- 役場で働いている人や職場の雰囲気を知りたい。
- 「役場の仕事のやりがい」や「何のために働くのか」をインタビューして役場の方々に聞きたい。

7 インターンシップを通してなりたい自分のイメージ（どう成長したいのか）

- 社会人の方とのコミュニケーションを少しでも上手になりたい。
- 役場で働くには、どんな技術や資格が必要なのかを知りたい。
- 言われたことだけではなく、自分で考えて行動できるようになりたい。

【事　後】　記入日　年　月　日

8 インターンシップを通して学んだこと（気づいたこと、よかったこと、反省したことなど）

反省点は、パソコンを使いこなすことができなかったこと。相手の目や表情を見て話せなかったこと。分からないことを質問することができなかったこと。気づいたことは、役場は黙々と仕事をこなしているイメージだったが、意外に活発な意見交流をしていた。また、課によっては、町民との関わりが多く、「ありがとう」と言われることも多かったため、やりがいを感じた。そのため、仕事は大変だったけど、充実していた。

9 「働くこと」についての今の考え（体験を通してどのように考えが変わったか・変わらなかったか）

事前のイメージに加え、「働くこと」は人のためになることだと思った。実際、今回のインターンシップは大変だったけど、「ありがとう」と言われ、自分の仕事は人の役に立っていると実感した。「働くこと」は大変だとは思うけど、充実している。自分がやりたいことを通して人の役に立てれば、より大きな充実感が得られるのだろうと思う。

10 自分は何のために働くのか（事業所の方へインタビューした内容等も踏まえて）

社会に貢献するため（自分と関わる人の生活が少しでもよいものにするため）。自分が幸せになるため。自分が家族を養うため。自分の趣味に必要なものを買うため。

11 働くには、どのような力が必要か（体験活動や事業所の方へのインタビューを踏まえて）

パソコンを使いこなすことができるスキル。根拠を持って表現する力。コミュニケーション能力（表情や言葉を読みとる力、文章を読んだり、書いたりする力）。

12 インターンシップを通して、「各教科等の授業」や「学校生活・行事等」で学んだことと「働くこと」はどのような結びつきがあると感じたか

授業の中で行うグループワークやLHRで行う議論は、仕事で物事を協働して進めていくことと、強い結びつきがあると感じた。また、総合的な探究の時間で身に付ける主体性や探究性は、働く上で必要不可欠な力だと感じた。

13 今、考えている自分の進路（○○に進学・○○業に就職・迷っている）とその理由

○○大学に進学して、まちづくりに関わる仕事に就きたいと考えている。理由は、「自分が住んでいるまちは、素敵なまちなんだ」と町民全員が言えるようなまちにしたいから。

受入先からのアドバイス

○○さんは指示された仕事については責任を持ってやり通していました。ただし、指示待ちが多く、自分から考えて行動する姿勢を見ることができませんでした。ぜひ、改善して成長していってほしいと思います。

＜「キャリア・パスポート」を参考に記入した生徒Ａのワークシート＞

次の資料は，本時で用いたワークシートである。ワークシートの記述内容から，生徒の思考の変容などを見取り，評価を行った例である。

ホームルーム活動「インターンシップから自己の課題を見いだし、学校生活につなごう」ワークシート
2年（　）組　（　）番　名前（　　　　　　）

【ＳＴＥＰ１（個人）】
「キャリア・パスポート」９と「中学校の『キャリア・パスポート』や【事前】で記入した働くことに対するイメージ」を見比べ，変化した（変化していない）ことを考えて，書いてみよう。

変化したこと	変化していないこと
中学校のときはマイナスのイメージしか持っていなかったけど、高校に入り、プラスのイメージを持つようになった。さらに、インターンシップを通して、プラスのイメージが強くなった。	インターンシップの前後で比較すると、やりたくないことをやっていると大変に感じ、やりたいことをやっていると「大変」が「充実感」になる。

【ＳＴＥＰ２（個人）】
「キャリア・パスポート」10と「中学校の『キャリア・パスポート』や【事前】で記入した『何のために働くのか』」を見比べ，変化した（変化していない）ことを考えて，書いてみよう。

変化したこと	変化していないこと
中学校のときや[事前]のときは自分のことしか考えていなかったが、インターンシップ後は、自分以外の人のためという考え方もするようになった。	中学校から現在まで「自分の幸せのために働く」ということは変わっていない。

【ＳＴＥＰ３（個人）】
ＳＴＥＰ１～２で変化した理由を書いてみましょう。（どのような経験や話を聴いて変化したのか）

変化した理由
STEP1：人との出会い（自分がやりたいことをやって、充実感に満ちている人との出会い）
STEP2：インターンシップのときに、町民の方から「ありがとう」と言われ、自分の仕事は人の役に立っていると初めて実感したから。

【ＳＴＥＰ４（グループで共有)】
ＳＴＥＰ１～３をグループで共有しましょう。

【ＳＴＥＰ５（個人）】
「キャリア・パスポート」８をもとに，インターンシップを通して感じた「自分のよさ」と「自分の課題」を書いてみましょう。（受け入れ先からのアドバイスや「キャリア・パスポート」11も参考にしましょう。）

自分のよさ	自分の課題
・自分に必要な力を振り返って見極めることができる。 ・指示された仕事については責任を持ってやり通すことができる。	パソコンを使いこなす。相手の目や表情を見て話す。自分から分からないことを質問する。根拠を持って表現する力。自分から考えて行動する姿勢（主体性）。自分が何をやりたいのか（何をしているときに幸せを感じるのか）を知る。

【ＳＴＥＰ６（グループで共有）】
ＳＴＥＰ５をグループで共有しましょう。

【ＳＴＥＰ７（個人）】
ＳＴＥＰ５を踏まえて，現在の自分の学校生活の現状を振り返って書いてみましょう。

受け身になることが多く、先生から言われたことしかやらない。グループワークのとき、根拠のない発表になっている。友だちとなら目を見て話すことができるけど、先生と話すときは、目を見て話すことができていない。自分が何をしているときに幸せを感じるのかを知ろうと意識していなかった。

【ＳＴＥＰ８（個人）】
ＳＴＥＰ５とＳＴＥＰ７を踏まえて，これからの学校生活で自分が取り組む内容を書[illegible]しょう。

①自分から考えて行動する。（例：自分に適した学習方法を考え、実行する）
②失敗を恐れず、様々なことにチャレンジする。（何をしているときに幸せを感じるのかを意識しながら）
③グループワーク等のとき、発言する前によく調べ、考える。
自分のよさは「責任を持ってやり通すことができる力がある」ので、①～③の課題を学校生活を通して実行していきたい。

「中学校や【事前】の考え」と「現在の考え」を比較し，変化を捉えようとしている。【主体的に学習に取り組む態度】の観点からＳＴＥＰ１～３の記述を評価することができる。ＳＴＥＰ１・２では，中学校から現在までの考えを的確に抽象化し，変化を捉えようとしている。また，ＳＴＥＰ３では，自己の変化のきっかけを捉えようとしていることから，十分満足できる活動の状況と考えられる。

※生徒によって様々な事情から中学校の「キャリア・パスポート」を持っていないこともある。また，全員が同じ「キャリア・パスポート」を持っていないことが十分に想定される。今回の事例では，そのような状況であっても問題のないように，【事前】と【事後】で同じ質問項目を設け，担任も生徒自身も変容をみることができるようになっている。

※中学校で同じような質問項目がある「キャリア・パスポート」を持っている場合は，適切に活用することにより，自己変容をより長い期間で実感できることになる。一方，持っていない生徒もインターンシップ前後の変容を実感でき，自己理解につなぐことができる。

【思考・判断・表現】の観点から，ＳＴＥＰ５と８の記述を評価することができる。ＳＴＥＰ５においては，高等学校の「キャリア・パスポート」の８，11，受け入れ先のアドバイスに基づいて，インターンシップを通して感じた「自分のよさ」と「自分の課題」を表現できている。さらに，ＳＴＥＰ８では，ＳＴＥＰ５と７を踏まえて，インターンシップを通して自分のよさや課題を見つけ，自己の学校生活につなげている。この生徒Ａは「自分の課題」のみからこれからの学校生活の取組を考えているのではなく，「自分のよさは～」という記述もあり，「よさ」と「課題」の双方の視点からこれからの学校生活につなげていることから，十分満足できる活動の状況と考えられる。

4　総括的な評価の方法の工夫例

（1）　インターンシップの評価例

インターンシップなどの体験活動は，担任が直接見取れないことが多い。そこで，評価に当たっては，担任以外の担当教師の見取りの他に，生徒本人の自己評価，一緒に活動した友人からの声，職場の方からのコメントを含めて総合的に判断して評価をすることが求められる。ただし，評価者はあくまでも担任であり，生徒の学習活動である自己評価や友人からの声，職場の方からのコメントは学習評価を行うための参考資料であることを忘れてはならない。

生徒氏名	参考資料			担任メモ
	自己評価	友人からの声	担当教師からのコメント	
A	○	積極的に職場の方に質問していたね。	地域の方への挨拶がとても元気で，与えられた仕事にも一生懸命取り組んでいた。	
B		Bさんがとても元気だったので，元気をもらったってお客さんが褒めていたよ。	職場の方からの評価がよい。職場の方の説明の時に，忘れないように常にメモをとっていた。	
C	○	職場の人の指示に対して，とてもよい返事をしていたね。	分からないことは積極的に質問し，丁寧に仕事をしていた。職場の方も褒めていた。	○職場の方からのコメントで，積極性をほめられている。ホームルーム活動においても自信を持って自分の意見を発言するようになった。
D	○	職場の方との相談会のときに，自分の将来について積極的に質問していたね。	職場では，笑顔でお客さんに対応していた。	○自分の将来の職業について，職場の方に相談し，具体的な進学先まで考えられるようになった。

後述のメッセージシートのDからの記述とも合っており，評価の客観性が担保できると考えられる。

体験活動においては，担任が直接対象生徒を見取れないことが多いので，担当教師からのコメントを参考にすることが考えられる。

教師が評価を行う際には，担当教師のコメントに加え，他の生徒からの情報（相互評価）も参考となる。本事例では，個人が学んだことに対して，他の生徒からメッセージを受け取る「メッセージシート」を用いているが，生徒Bに対する生徒Dからのメッセージシートの記述は担当教師からのコメントの内容とも合っており，評価の客観性が担保できると考えられる。また，こうしたメッセージシートの取組は，お互いのよいところを見つけ，認め合う学習活動を効果的に展開する上でも有用である。

インターンシップ報告会メッセージシート

グループでの（　B　）さんの発表を聞いて，これからの学校生活の場面と具体的な行動を応援してあげよう。

> Bさんがインターンシップ中に書いてくれていたメモがグループ発表の振り返りにとても参考になったよ。これからも，授業とかでも積極的にメモをとって頑張ろう！自分もBさんみたいに，今までやってきたことがわかるようにメモをとってみたいと思ったよ。ありがとう。

（　D　）より

生徒の一人一人のよさや可能性を生かし伸ばす点から，好ましい情報や資料は随時，当該生徒に伝えたり，ホームルームや学年，学校全体に紹介したりすることが考えられる。

インターンシップで学んだことを，他者から相互的，肯定的に評価されることにより，自分のよさとして客観性が高まり，自分の意思決定の根拠の補助になると考えられる。

担任メモの番号と連動させた数字で整理することにより，○をつけた根拠が分かるようにする。

（2） 全体を見通した補助簿

ここでは，観点別の評価補助簿を例示する。

生徒	知識・技能		思考・判断・表現		主体的に学習に取り組む態度		担任メモ	総括
A	①		②		③		① インターンシップの目的や自己の興味・関心を理解している。 ② インターンシップを通して自分のよさや課題を見つけ，自己の学校生活の課題につなげている。 ③ 進路に明確な目標をもち，自己の課題から意思決定した内容について，実践しようとしている。	○
							① インターンシップを通じて働く意義を理解している。 a　自己の課題設定について面談（○月△日）	
C	①				②	③	① インターンシップを通じてどのように成長したいのかを理解している。 ② 社会における自分の役割を考え，表明し，実行しようとしている。 ③ 自己の課題から意思決定した内容について，実践しようとしている。	

評価を指導に生かすため，場合によっては指導したことを記録することも考えられる。

総括的な評価で○をつける際には，学校で共通理解を図っておくことが重要である。例えば，以下のような付け方が想定される。
（1）各観点で「十分満足できる活動の状況」である○の数の総計で総括に○をつける。
（2）各観点で全てに○がついている場合，総括に○をつける。
（3）記述状況や担任メモ，各観点での○の数などで総合的に判断し，総括に○をつける。

5　ワークシートの記載から推測される生徒の状態と指導の手立てについて

ワークシートの記載結果を指導の改善及び生徒の学習改善に生かす手立てについて述べる。「単元の評価規準」に示されたそれぞれの評価規準に照らして，具体的な学習の過程例として「推測される生徒の状態」と，それに対する生徒への「指導の手立ての例」としてＳＴＥＰ５，７，８を基に紹介する。生徒の状況によって適切な指導やカウンセリングを行うことで，指導と評価の一体化を図ることが可能となる。次の表は，生徒Ｂの記述状況から「推測される生徒の状態」と「指導の手立ての例」である。

ＳＴＥＰ５の実際の記述	ＳＴＥＰ７の実際の記述	ＳＴＥＰ８の実際の記述
【自分のよさ】 明るいところ。誰にでも笑顔で接することができた。 【自分の課題】 相手にわかりやすい言葉で，自分の伝えたいことを伝えることができなかった。	発表のときや，学び合いの時間のときに自分が伝えたいことがなかなか伝わらない。	私は，学校生活では，相手に伝わりやすい言葉で話すことを意識したいと思います。

↓

推測される生徒の状態
インターンシップを通して感じた課題と自分自身の学校生活での課題をつなぎ，改善しようとしている。一方，「自分のよさ」に気付いたり，よさをさらに伸ばしたり，生かしたりしようという視点が不足している。

↓

指導の手立ての例
当該生徒へ「自分のよさ」の視点に着目するよう助言する。

このように，生徒の記述状況によっては，教師が新たな視点を持つよう促したり，もう一度記述内容を振り返ったりするよう助言することが考えられる。面談等の方法もあるが，ワークシートへの下線・コメントで思考を促す方法もある。様々な方法があるなかで，生徒が次の学びへつなげられるよう，適切に指導をしていく必要がある。

特別活動　事例３
キーワード　「生徒会活動の指導と評価の計画から評価の総括まで」

議題

全学年
「よりよい学校をつくる」

内容のまとまり

生徒会活動（１）生徒会の組織づくりと生徒会活動の計画や運営
関連：ホームルーム活動（１）ウ　学校における多様な集団の生活の向上

１　生徒会活動（１）で育成を目指す資質・能力

○　生徒会やその中に置かれる委員会などの異年齢により構成される自治的組織における活動の意義やその活動のために必要なことを理解し，行動の仕方を身に付けている。
○　生徒会において，学校や全体の生活をよりよくするための課題を見いだし，その解決のために話合いを行い，「合意形成を図る」，「意思決定をする」，「人間関係をよりよく形成する」ことができる。
○　自治的な集団における活動を通して身に付けたことを生かし，多様な他者と協働し，学校や地域社会における生活を自らよりよくしようとする態度を養う。自分が学校をつくる主体であるということを意識しようとしている。

２　評価規準（内容のまとまりごとの評価規準）

よりよい生活を築くための知識・技能	集団や社会の形成者としての思考・判断・表現	主体的に生活や人間関係をよりよくしようとする態度
生徒会やその中に置かれる委員会など，異年齢により構成される民主的かつ自治的組織における活動の意義について理解している。 よりよい学校・地域・社会づくりに向けて，主体的に参画するための行動の仕方を身に付けている。	生徒会において，学校や地域全体の生活をよりよくするための課題を見いだしている。 学校や地域における課題解決のために話し合い，合意形成や意思決定することで，よりよい人間関係を形成している。	自治的な集団や地域における活動を通して身に付けたことを生かして，多様な他者と協働し，学校や社会での生活の改善を図ろうとしている。 入学から卒業までという視野，全校や地域という視野で見通しをもったり振り返ったりしながら，よりよい生活を築こうとしている。

３　指導と評価の計画

生徒会活動「生徒会の組織づくりと生徒会活動の計画や運営」の指導計画と評価の事例である。生徒総会で提案される議案書をよりよいものにする活動を通じて学校生活を見直すことを議題にした一連の活動計画例，１単位時間の指導計画例，ワークシートを参考とした評価の工夫例を示した。また，教師の補助簿を活用して評価結果を累積する工夫例についても取り上げた。

【一連の活動と評価】

時間	議題 ねらい・学習活動	目指す生徒の姿		
		知識・技能	思考・判断・表現	主体的に学習に取り組む態度
ホームルーム活動	「今年度のホームルーム役員を決めよう」	主体的に組織をつくること，役割を分担することの意義を理解している。		互いの個性を生かして主体的に組織をつくろうとしている。
放課後の委員会	「学校や地域全体の生活の向上のために委員会として取り組む活動を考えよう」		学校や地域全体の生活の充実と向上のために，委員会として取り組むべき課題を考えている。	
ホームルーム活動	「生徒総会の議案書作成に向けてホームルームで審議を行おう」		学校や地域全体をよりよいものにするために，生徒総会で提案するべきことが何か考えている。	学校や地域全体をよりよいものにするためにできること，必要なことを見いだそうとしている。自らが学校や地域全体をよりよいものにする主体だと実感している。
ショートホームルーム	「議案書について事前に検討しよう」		各ホームルームでの審議をまとめた議案書について，意見や質問を検討している。	議案書についての話し合いに主体的に参加しようとしている。
生徒総会	「よりよい学校をつくる」	学校生活の充実と向上のために，目標を設定し，主体的に組織づくりや役割分担を行って協働して実行することの意義を理解している。協働して実行するために必要な計画や運営，合意形成の仕方などを身に付けている。	生徒総会や各種の委員会において，学校生活の充実と向上のための課題や生徒の提案を生かした活動の計画について考えている。	集団の形成者として，多様な他者と，互いの個性を生かして協力し，積極的に学校生活の充実と向上を図ろうとしている。

第3編
事例3

4　ホームルーム活動「生徒総会の議案書作成に向けてホームルームで審議を行おう」について

（1）議題

・生徒総会に向け議案書で何を提案するべきか考えよう。

（2）目指す生徒の姿

・学校や地域全体をよりよいものにするためにできること，必要なことを見いだそうとしている。

・学校や地域全体をよりよいものにするために，生徒総会で提案するべきことが何か考えている。

・自らが学校をよりよいものにする主体者だと実感している。

（3）本時の展開

	学習内容及び学習活動	○目指す生徒の姿
導入	1　本時の学習課題やその意義について確認する。 ・よりよい学校は生徒全員で作るものである。そのために生徒総会が全員で議決する重要な場であること。 ・議案書で何を提案するか話し合うこと。	・本時のねらいの共有が大切だが，それをホームルーム役員が行えるように事前に指導することが重要である。 生徒総会で提案される議案書の作成に向けてホームルームで審議を行おう
展開	2　学校のよいところと改善案について考える。（個人） 3　意見を共有し，議案書で提案したいことを各班で 10 個にまとめる。 4　ピラミッドチャート（P. 50 事例 1 参照）を使って，議案書で提案するべきと思うアイデアを班で一つ選ぶ。 5　各班からの 1 分プレゼンによりホームルーム全体で共有する。 6　5で発表された目標案について，①よりよい学校生活にするために必要なことか，②よりよい地域社会にするために自分たちにできること，の視点で評価し，賛同できるものを選択し，その理由を発表し合う。 7　6の話合いを基に，ホームルームからの議案書を決定する。（少数意見にも耳を傾け，安易な多数決頼みにならないように留意する。また，なぜその案に賛成なのかの理由を丁寧に発表し合うことにより，よりよい議案書に練り上げていくことなど，生徒が納得感をもてるようにする。）	・それぞれについて三つは書けるように声がけする。 ○学校や地域全体をよりよいものにするためにできること，必要なことを見いだそうとしている。【主体的に学習に取り組む態度】（観察・ワークシート） ・学校のよいところを共有した上で，改善案を「議案書で提案するアイデア」として考えるよう促す。 ・議案書で提案するべきものを班で合意形成する。 ○学校や地域全体をよりよいものにするために，生徒総会で提案するべきことが何か考えている。【思考・判断・表現】（観察） ・安易な多数決にならないように留意するとともに，ホームルーム役員が議案の整理・修正案を作成して，その後全員で協議するという方法も考えられる。

第3編 事例3

終末	8　本時の振り返り ・生徒総会の議案書作成に向けて，学校をよりよくしていくという視点に立ってホームルーム審議に臨むことができたかどうかを振り返る。	○自分が学校をよりよいものにする主体者だと実感している。【主体的に学習に取り組む態度】（観察・振り返りシート）

5　議題（ねらい・学習活動）ごとの評価の進め方

（1）議題（ねらい・学習活動）ごとの振り返り

議題（ねらい・学習活動）ごとに振り返りを書き，それぞれの評価項目について見取る。

①　今年度のホームルームの役員を決めよう。

振り返りシート

	あてはまる　　あてはまらない
1．主体的に組織決定の話合いに臨むことができた。	4・3・2・1
2．役割を分担することの意味を考えて話し合うことができた。	4・3・2・1
3．個性を生かすことができるように役割分担することができた。	4・3・2・1
4．この時間で身につけた力や意識した力，話合いを通して分かったことを書こう。（自由記述）	
5．よりよいホームルームにするために今後自分が取り組むべきことを書こう。（自由記述）	

目指す生徒の姿
○主体的に組織をつくること，役割を分担することの意義を理解している。【知識・技能】
○互いの個性を生かして主体的に組織をつくろうとしている。【主体的に学習に取り組む態度】

	自由記述の例	知識・技能	主体的に学習に取り組む態度
A	意見をまとめる方法を身に付けることができたかなと思います。みんなを自然と導けるようなリーダーを目指します。	○	○
B	一人一人の意識が高いホームルームをつくりたいです。		○
C	各委員会等の役割をきちんと理解することができたと思います。	○	
D	自分とは違ういろいろな意見にも耳を傾けて理解できました。活発な話合いになるようにこれからも努力します。	○	○

②　生徒総会に向けてホームルームで審議を行おう。

振り返りシート

	あてはまる　あてはまらない
1．主体的にホームルームでの話合いに臨むことができた。	4・3・2・1
2．学校や地域全体をよりよくするためのアイデアを考えることができた。	4・3・2・1
3．学校や地域全体をよりよいものにするという観点で，生徒総会の議案書で何を提案するべきか考えることができた。	4・3・2・1
4．自分がこの学校をつくっているのだということを感じた。	4・3・2・1
5．この時間で意識したことは何ですか。また，話し合いを通して感じたことを書こう。（自由記述）	
6．よりよいホームルームにするために自分が取り組むべきことを書こう。（自由記述）	

目指す生徒の姿
○学校や地域全体をよりよくするために必要なことを見いだそうとしている。また，生徒総会で提案するべきことが何か考えている。【思考・判断・表現】
○自分が学校や地域全体をよりよいものにする主体者だと実感している。【主体的に学習に取り組む態度】

	記述例	思考・判断・表現	主体的に学習に取り組む態度
B	学校や地域全体をよりよくするための方法や具体的提案を考えた。これらのことを通じて自分の力で学校や地域をよりよいものにできるということを感じました。	○	○
C	どうすれば学校がよりよいものになるのかについて考えることができた。自分も次はよい提案を考えることができるようにがんばりたい。	○	

③　よりよい学校をつくる（生徒総会当日）

振り返りシート

	あてはまる　　あてはまらない
1．主体的に全校の話合いに臨むことができた。	4・3・2・1
2．学校全体の課題を解決するために話し合うことができた。	4・3・2・1
3．学校生活の充実と向上を図るために，議案書で提案するべきことについて考えようとした。	4・3・2・1

4．生徒総会を終えて，改めてホームルーム・学校のために今後自分がやるべきこと，頑張っていくべきことを書こう。（自由記述）

目指す生徒の姿
○協働して実行するために必要な計画や運営，合意形成の仕方などを身に付けている。【知識・技能】
○学校生活の充実と向上のための課題や提案を生かした活動の計画について考えている。【思考・判断・表現】
○互いの個性を生かして協力し，積極的に学校生活の充実と向上を図ろうとしている。【主体的に学習に取り組む態度】

	記述例	知識・技能	思考・判断・表現	主体的に学習に取り組む態度
E	自分たちの学年で議論した内容の議案書の内容を実現させようと，生徒会役員が一生懸命に答弁している姿を見て，自分が支えていこうと思った。			○
A	言葉で終わらせないで行動で示せるようにして，リーダーとして何をすべきなのか，どんな行動をとればよいのかを考えて身に付け，行動に移していこうと思う。	○	○	○

第3編
事例3

（2）一連の活動の振り返り

ホームルーム役員の決定，ホームルームでの審議，生徒総会を通して，生徒会活動への関わり方を考えることができているかを，単位時間の振り返りから総括的に評価する。

補助簿

ホームルーム役員の決定から，ホームルームでの審議，生徒総会を通して，「生徒会」の活動に関わっていくものであるため，補助簿への記載方法も一連の活動のどの段階かがわかるよう工夫することが考えられる。また，生徒総会は全校で行う場面の一つである。生徒一人一人の活動の状況を把握するために，学年や全校の教師が評価資料を共有することができるようにする。

組織決めやホームルームでの審議の場面では担任がそのときの様子をメモし，評価に生かすようにする。
全校での生徒総会の場面では学年主任など担任以外の教師から見た生徒の様子をメモ等に控えてもらうと，それを共有することで評価に生かせる。

	知識・技能	思考・判断・表現	主体的に学習に取り組む態度	メモ	総括
1	Ⓐ	Ⓑ	Ⓒ	ⒶⒷ生徒総会で，他の人の提案に対して代案を示し，建設的な意見を述べた。 Ⓒホームルーム長に立候補し，どのようなホームルームを目指すのか目標を語った。	○
2			Ⓓ	Ⓓ生徒総会において，答弁の内容を議案書にメモし，みんなと共有していた。積極的に学校生活の向上を図ろうとしていた。	
3		Ⓔ	Ⓕ	Ⓔ議案書で提案するべきこととして，具体的なアイデアを提案し班の案となった。 Ⓕホームルームでの議論に積極的に参加し，他の班の提案に対して自分の考えを述べることができた。	○
4	Ⓖ			Ⓖ意見の収束に向けた方法を理解し，司会を務めることができた。	

《1の生徒について生徒総会の評価の例》

Ⓐ　知識・技能の観点について

「協働して実行するために必要な計画や運営，合意形成の仕方などを身に付けている」の目指す生徒の姿からこの生徒の行動を評価していくことが考えられる。この生徒は，ホームルーム長として総会の議事が円滑に進行できるようにホームルームをまとめることができ，また，他のホームルームや他学年の意見に耳を傾け，賛成・反対の意思を明確に示すことができた。このことから，評価規準に照らして十分満足できる活動の状況と考えることができるため，知識・技能の欄に○が付けられている。

Ⓑ　思考・判断・表現の評価について

「学校生活の充実と向上のための課題や提案を生かした活動の計画について考えている」の目指す生徒の姿から，この生徒の行動を評価していくことが考えられる。この生徒は，生徒総会の中で，あるホームルームが提案した学校生活の充実と向上を図るための計画に対して，全校生徒の参加という観点から考えることができており，「特定の生徒だけが活動するのではなく，生徒一人一人が自発的に協力して活動できるようにしていきたい」という発言をした。全校生徒の参加という自分なりの観点から考えることができており，評価規準に照らして十分満足できる活動の状況と考えることができるため，思考・判断・表現の欄に○が付けられている。

Ⓒ　主体的に学習に取り組む態度の評価について

「互いの個性を生かして協力し，積極的に学校生活の充実と向上を図ろうとしている」の目指す生徒の姿から，この生徒の行動を評価していくことが考えられる。この生徒は，生徒会活動の基本方針である『あいさつの意識向上』という提案に対し，「授業でのあいさつはよくなってきているが，廊下でのあいさつを活発化させるために，具体的な活動を考えるべきである」と発言した。生徒会執行部や委員長の考えを尊重し，提案のよいところに触れながら，学校全体をよりよくするために必要なことに触れて発言したことから，評価規準に照らして十分満足できる活動の状況と考えることができるため，主体的に学習に取り組む態度の欄に○が付けられている。

特別活動　　事例４
キーワード　「学校行事の指導と評価の計画から評価の総括まで」

学校行事

全学年　文化祭
「互いのよさを生かそう」

内容のまとまり

学校行事（２）文化的行事
関連：ホームルーム活動（１）ア　ホームルームや学校における生活上の諸問題の解決

１　学校行事（２）で育成を目指す資質・能力

○　他の生徒と協力して日頃の学習や活動の成果を発表したり，美しいものや優れたものを創り出し，自ら発表し合ったりする活動に必要な知識や技能を身に付けている。
○　他の生徒と協力して日頃の学習や活動の成果を発表したり，美しいものや優れたもの，芸術的なものに触れたりして，自他の個性を認め，互いに高め合うことができる。
○　集団や社会の形成者として，互いに努力を認めながら協力して，よりよいものを創り出し，発表し合うことによって，自己の成長を振り返り，自己のよさを伸ばそうとしている。

２　文化的行事の評価規準（内容のまとまりごとの評価規準）

よりよい生活を築くための知識・技能	集団や社会の形成者としての思考・判断・表現	主体的に生活や人間関係をよりよくしようとする態度
美しいものや優れたものを創り出し，自ら発表し合ったり，芸術的なものや伝統文化を鑑賞したりする活動に必要な知識や技能を身に付けている。	日頃の学習活動の成果発表や芸術，伝統文化に触れる中で，個性を認め，互いに高め合いながら協力して実践している。	多様な文化芸術に親しむとともに，自己の成長を見通したり，振り返ったりしながら，自己を一層伸長させようとしている。

３　指導と評価の計画

学校行事「文化的行事」の指導計画と評価の事例である。文化祭を通じてホームルーム生活の改善や自己実現を図ることをテーマ（題材，議題）にした一連の活動計画例，１単位時間の指導計画例，ワークシートを参考とした評価の工夫例を示した。また，教師の補助簿を活用して評価結果を累積する工夫例について取り上げた。

【一連の活動と評価】　例：７月３日～９月 24 日

時間	議題及び題材 ねらい・学習活動	目指す生徒の姿		
		知識・技能	思考・判断・表現	主体的に学習に取り組む態度
帰りの会 ７月３日	「事前アンケートで自分の立ち位置を知ろう」		ホームルームの状況や自分の役割について考えることができる。	

第３編
事例４

学校行事 7月3日	「学年で文化祭の意義を確認しよう」 ・文化祭のねらいや予定や取組内容を確認する。	文化祭の意義や目指す姿を理解する。		
ホームルーム活動 7月10日	「充実した文化祭にしよう」 ・今年の文化祭のクラス目標を作り，取組内容を考える。	文化祭に向けて，ホームルームの目標を立てることの意味を理解している。	ホームルームの仲間の考えを尊重しながら，合意形成を図ることができる。 自分がホームルームのためにできることを考えている。	文化祭を終えたときの理想をイメージして，目標や取り組みを考え，積極的に話合いに参加しようとしている。
ホームルーム活動 7月17日	「文化祭の出しものを決めよう」 ・今年の文化祭の取組内容を決定する。	ホームルームの仲間と目標を共有することの大切さを理解している。		理想を実現するために自分がすべきこと等に取り組もうとしている。
準備期間	「文化祭を成功させよう」	省略	省略	省略
学校行事 9月19日	「これまでの思いを存分に表現しよう」 ・文化祭，練習や準備が生きるように全校で取り組む。	自分の役割を理解している。	自分がホームルームのためにできることを考えている。	お互いのよさを生かし合い，よりよい取組にしようとしている。自らの役割を見付けて行動しようとしている。
帰りの会 9月21日	「事後アンケートで自分の立ち位置を知ろう」		ホームルームの状況や，自分の役割について考えることができる。	
ホームルーム活動 9月24日	「文化祭を振り返り，日常生活につなごう」	自分や仲間，ホームルーム全体の成長を理解する。 文化祭の意義について理解する。	自分やホームルーム全体の成長やこれからの課題を考えることができる。自分の役割を振り返り，これからの役割を考えることができる。	文化祭の取組を振り返り，自己の一層の伸長を目指して，今後の学校生活での行動を改善しようとしている。

4　ホームルーム活動「（文化祭後）文化祭を振り返り，日常生活につなごう」について

※文化祭直後のホームルーム活動の時間を用いて振り返る活動の事例

（1）テーマ（題材，議題）

・文化祭を振り返り，日常生活につなごう

（2）目指す生徒の姿

・文化祭を振り返り，自分やホームルーム全体の成長やこれからの課題を考えることができる。自分の果たした役割を振り返り，これから果たすべき役割を考えることができる。

・文化祭の取り組みを振り返り，自己の一層の伸長を目指して，今後の学校生活での行動を改善しようとしている。

（3）本時の展開

	学習内容及び学習活動	○目指す生徒の姿
導入	1　事後アンケートの結果を共有する。 2　本日の学習課題を確認する。	○クラスメイトが取組をどう振り返っているのかを理解する。【知識・技能】（観察） ・行事を振り返ることの重要性を改めて伝える。
展開	3　ワークシート0）を記入する。（自己評価）（時間があればグループで共有することも考えられる。） 4　ワークシート1）～4）を記入する。 5　3人程度のグループでワークシートに書いたことを共有する。ワークシート2）4）については気づいたことを伝える。 6　グループで共有したことも参考にして，ワークシート5）～8）を記入する。 7　話合い活動によりグループで共有する。	○自分やホームルーム全体の成長や目標の達成度を考えることができる。 【思考・判断・表現】（観察・ワークシート） ・ワークシート3）文化祭で特に頑張った人の欄に枠が三つあるが，欄外を使って4人以上書いても構わないことを伝える。 ・一人2分程度で話し，それに対してコメントを1分程度でまわす。 ○自分の果たした役割を振り返り，これから果たすべき役割を考えることができる。 【思考・判断・表現】（観察・ワークシート） ・ワークシート6）の内容について生徒がよく考えることが重要である。 ・他の取組と文化祭の取組の共通点に気付くことも多い。 ○文化祭の取組を振り返り，自己を一層伸長させようとしている。今後の学校生活の行動を変容させようとしている。【主体的に学習に取り組む態度】（観察・ワークシート）
終末	8　ワークシートに書いたことを改めて確認し，「キャリア・パスポート」に記入する。	・「キャリア・パスポート」の学校行事のところに記入する。必要ならば学期末に改めて加筆や修正をする。今の思いを残しておくことが重要と伝える。

（4）自己評価（ワークシートの記述内容）を参考にして評価する工夫例

次の資料は，本時で用いたワークシートである。その記述内容から，生徒の思考の変容などを見取り，評価の参考とした例である。

自分はもちろん，ホームルーム全体の成長を考えている。【知識・技能】の観点から，これらの記述を評価することができる。自分について「みんなのために動くことができるようになった」，ホームルーム全体についても「みんなで一つのことに取り組めるようになった」とあり，3）5）7）にも同様の記述がある。こうしたことから十分満足できる活動の状況と考えられる。

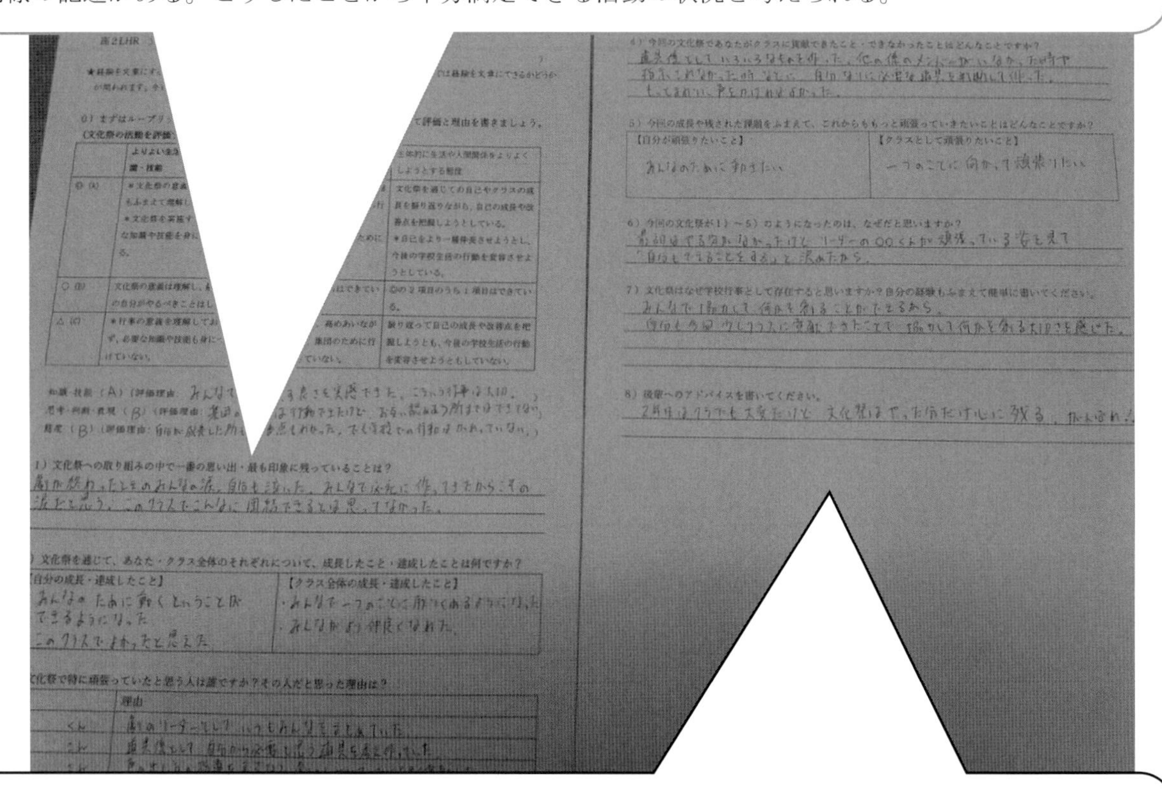

1）文化祭への取り組みの中で一番の思い出・最も印象に残っていることは？

文化祭を通じて，あなた・クラス全体のそれぞれについて，成長したこと・達成したことは何ですか？

【自分の成長・達成したこと】

【クラス全体の成長・達成したこと】

4）今回の文化祭であなたがクラスに貢献できたこと・できなかったことはどんなことですか？

5）今回の成長や残された課題をふまえて，これからもっと頑張っていきたいことはどんなことですか？

【自分が頑張りたいこと】	【クラスとして頑張りたいこと】
みんなのために動きたい	一つのことに向かって頑張りたい

6）今回の文化祭が1）～5）のようになったのは，なぜだと思いますか？

7）文化祭はなぜ学校行事として存在すると思いますか？自分の経験もふまえて簡単に書いてください。

8）後輩へのアドバイスを書いてください。

○自分の果たせた役割について聞いている。【思考・判断・表現】の観点から，この記述を評価していくことが考えられる。例えばこの記述では，「道具係として，自分なりに必要なものを判断して道具を作った」と書かれている。また「もっとまわりに声をかければよかった」という課題にも気付いている。こうした記述から十分満足できる活動の状況と考えられる。

5　観点別学習状況の評価の進め方（ワークシートを用いた評価）

文化的行事（文化祭）を通して目指す生徒の姿を具体的にし，その実現に向けて取り組む中で，生徒がどのように変容しているかワークシートの記述から評価する。生徒は「キャリア・パスポート」に記録・蓄積することで確かな振り返りから根拠をもった見通しを立てることができる。

（1）補助簿を用いた評価

次の二つの資料は学校行事について，生徒の活動の様子を見取る補助簿の例である。このように補助簿を用いて評価することも可能である。補助簿を担任だけでなく，他の教師も記録できるようにしておくと，生徒の活動をより多くの教師で見取ることができる。

学校行事の補助簿の例１

学校行事について，それぞれの観点の評価規準に合わせて補助簿を作成することが考えられる。その際，例えば，（１）儀式的行事　（２）文化的行事　（３）健康安全・体育的行事　（４）旅行・集団宿泊的行事　（５）勤労生産・奉仕的行事　について下記のように記録をしておくことで，総括的な評価を行う際の参考にすることができる。また，ワークシート等への生徒の記述内容に加え，メモ欄に生徒の様子を記録しておくことで，評価の参考資料とすることができる。

番号	氏名	知識・技能	思考・判断・表現	主体的に学習に取り組む態度	メモ	総括
1	A	（２） （３） （４）	（２） （３） （４）	（２） （３） （４）	（２）文化祭の演劇に向けて専門的なアドバイスをした。 （３）体育祭では応援団長を務め，ホームルームの団結力を高めた。 （４）宿泊行事では，現地の方と積極的にコミュニケーションを取り，自分の考えを深めていた。	○
2	B	（２） （４） （５）	（４） （５）	（２） （４） （５）	（２）文化祭の準備では，常に次の行動の呼びかけをした。 （４）宿泊行事では，時間を見て行動し，ホームルーム全体に指示を出した。また校外での生活の在り方を考えて行動した。 （５）小学校のボランティアに参加し，よく児童と関わり，掃除なども積極的に行った。	○
3	C	（１） （５）	（１） （２） （５）	（１） （２） （５）	（１）入学式で生徒代表として新入生歓迎のことばを述べた。 （２）道具係リーダーとして道具を作る作業の中心になって練習した。 （５）台風で被災した方への募金活動を企画し，活動した。	○
4	D	（４）		（５）	（４）宿泊行事で係の仕事を，責任をもって行った。 （５）募金活動に参加した。	
5	E	（３）	（３）	（３）	（３）体育祭では，応援リーダーや選手として活躍した。	

各観点が十分満足できる活動の状況となる行事の数やメモのコメントを参考に総括的な評価を行うことが考えられる。記録された行事の数が三つ以上ならば「十分満足できる活動の状況」とするなど，校内で共通理解を図り，方針を明確にして，年間の評価の欄に○を付ける。

学校行事の補助簿の例２

学校行事の評価において，すべての学校行事を評価するのではなく，特定の行事に重点を置いて評価することも考えられる。次に示したのは，体育祭，校外学習，文化祭の三つの行事に重点を置いた場合の補助簿の例である。

各行事で目指す生徒の姿を明確にし，校内で共通理解を図っておく必要がある。

番号	目指す生徒像 / 氏名	体育祭			校外学習			文化祭			メモ	総括
		体育祭の意義を理解している。	体育祭に向け、他者と協力して、適切に判断し行動している。集団で協力している。	運動に親しみ、体力の向上に積極的に取り組もうとしている。	校外学習の意義を理解している。	日常とは異なる環境の中で、集団生活の在り方などについて考え、行動している。	校外学習の地で、自然や文化に親しみ、新たな視点から学校生活などの意義を考えようとしている。	文化祭の意義を理解している。	仲間と協力して学習の成果を発表したり、自他の個性を認め、高め合ったりしている。	文化祭活動に見通しをもって取り組んだり、自己の成長を振り返ったりして、自身を高めようとしている。		
1	A	○	○	○	○	○	○	○	○	○	応援リーダーとして，場に応じて適切に判断し，指示を出した。（体育祭） 校外での過ごし方について集団としてあるべき姿を理解して行動した。（校外学習） リーダーとして文化祭の準備に取り組んだ。（文化祭）	○
2	B			○		○	○	○	○	○	積極的にその土地の方とふれあいをもった。（校外学習） 生活係として責任をもって部屋点検を行った。（校外学習） 劇でホームルームの主役をつとめた。（文化祭）	○
3	C	○	○	○			○			○	運動能力が高く，各種目の作戦を積極的に考え，ホームルーム全員で協力する雰囲気をつくった。（体育祭）	○
4	D				○			○			自分がやるべきことについて理解して行動した。	

○の数が三つ以上ならば「十分満足できる活動の状況」とするなど，校内で共通理解を図り，方針を明確にして，年間の評価の欄に○を付ける。また，担任は適宜メモを残し，そのコメントの内容を総括的評価に生かすことも考えられる。

（2）相互評価（ワークシートの記述内容）を参考にして評価する工夫例

・ワークシート3）（特に頑張った人について聞く質問）の記述などを見取り，評価の参考とすることもできる。以下が例である。特にCのような生徒は教師がその活躍に気付いていない場合もあり，相互評価により自己理解を深めたり，他者からの励ましにより新たな学習や活動への意欲につないだりすることもできる。

3）文化祭で特に頑張っていたと思う人は誰ですか？その人だと思った理由は？

名前	理由
くん	劇のリーダーとして，いつもみんなをまとめていた。
さん	道具係として，自分から必要と思う道具を考え作っていた。
さん	声の出し方の指導をするなど，劇のレベルアップに大きく貢献した。

文化祭で特に頑張っていたと思う人は？の記述から

Aさん　○リーダーとして，劇の監督として時には専門的なアドバイスをし，時にはみんなのやる気を出させるような声がけをして引っ張ってくれた。
○劇のリーダーとして，いつもみんなをまとめていた。

Bさん　○大きな声でキャストを引っ張っていた。
○声の出し方を指導するなど，劇のレベルアップに大きく貢献した。

Cさん　○道具係リーダーとして，今必要と思う道具を考え作ってくれた。
○ほかに必要な道具はないかなど，劇が良くなるということに向けて自分から仕事を探して動いていた。

	知識・技能	思考・判断・表現	主体的に学習に取り組む態度
A	○	○	○
B	○		○
C		○	○

他者評価・相互評価についても参考とすることができると考える。

《Aの生徒について他者からの評価（上参照）を参考にした評価の例》

① **知識・技能の評価について**

「他の生徒と協力して美しいものや優れたものを創り出す活動に必要な知識や技能を身に付けている」という育成を目指す資質・能力に基づいて，この生徒の行動を評価していくことが考えられる。この生徒は「専門的なアドバイスをし」との評価を受けており，ほかの生徒と協力すること，よりよいものを創り出す活動に必要な知識や技能を身に付けていると考えられるため，知識・技能の欄に○が付けられている。

② **思考・判断・表現の評価について**

「自分の役割を判断し，集団のために行動することができる」という目指す生徒の姿から，この生徒の行動を評価していくことが考えられる。この生徒は，他者から，「リーダーとして，劇の監督として，みんなのやる気を出させるような声がけをして引っ張ってくれた」や「いつもみんなをまとめていた」という評価を受けており，自分がすべきこと，ホームルームのためにできることを考え行動していたと考えられる。このことから，評価規準に照らして十分満足できる活動の状況と考えることができるため，思考・判断・表現の欄に○が付けられている。

③ **主体的に学習に取り組む態度の評価について**

「自己を一層伸長させようとしている」「自己の成長や改善すべき点を把握している」という目指す生徒の姿から，たとえば本時（振り返り）の評価のところで記載したように，生徒のワークシートで評価することが可能であると考えられる。

資料1　キャリア教育の充実を図る特別活動の実践

①「特別活動で育成を目指す資質・能力」と「基礎的・汎用的能力」

キャリア教育については，学習指導要領第1章総則の第5款の1の(3)に，次のように示している。

> 生徒が，学ぶことと自己の将来とのつながりを見通しながら，社会的・職業的自立に向けて必要な基盤となる資質・能力を身に付けていくことができるよう，特別活動を要としつつ各教科・科目等の特質に応じて，キャリア教育の充実を図ること。

これまで特別活動は，全教育活動を通して行ってきた人間形成の統合的な時間として教育課程に位置付けられてきた。また，昨今では，身近な社会である学校において各教科・科目等で育成した資質・能力について，実践的な活動を通し，社会生活に生きて働く汎用的な力として育成する教育活動としての役割も注目されてきた（学習指導要領解説特別活動編より）。

つまり，自発的，自治的活動を固有の役割としてきた特別活動は，これまでもキャリア教育が求める基礎的・汎用的な能力の育成に強く関わってきたものであり，そのことを確認，強調する意味で「特別活動を要としつつ」と表現されたものである。

「今後の学校におけるキャリア教育・職業教育の在り方について」（中央教育審議会答申　H23年1月）では，キャリア教育を「一人一人の社会的・職業的自立に向け，必要な基盤となる能力や態度を育てることを通して，キャリア発達を促す教育」として定義づけた。さらに，その能力や態度を「基礎的・汎用的能力」として，「人間関係形成・社会形成能力」「自己理解・自己管理能力」「課題対応能力」「キャリア・プランニング能力」の四つの内容が示された。また，「基礎的・汎用的能力」とは「社会人・職業人に必要とされる基礎的な能力と現在学校教育で育成している能力との接点を確認」することを通して具体化されるものであることを確認している。

キャリア教育の要として位置付けられた特別活動において育成を目指す資質・能力の視点として示された「人間関係形成」「社会参画」「自己実現」の三つは，「基礎的・汎用的能力」と重なる点が多い。

つまり，「特別活動の目標」の実現を目指して，教師の指導や生徒の活動を積み重ねることが，社会的・職業的自立に必要不可欠な資質・能力を育成することになる。

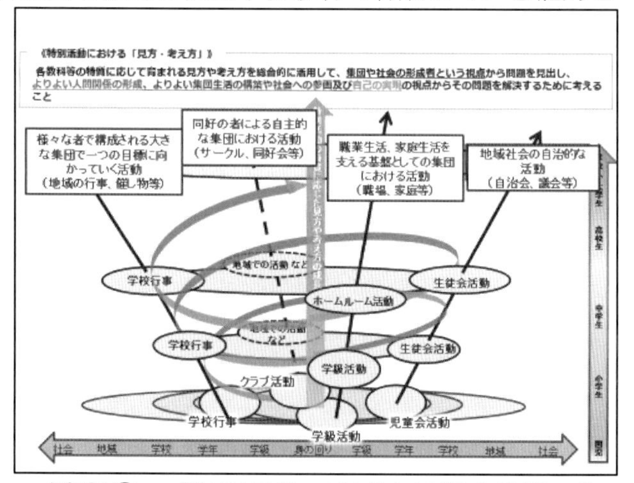

〈資料①　「特別活動で育成を目指す資質・能力」と「社会人・職業人に必要とされる基礎的な能力」の関連イメージ　中教審答申資料(H28)より

②「キャリア教育の要」としての特別活動

学習指導要領の改訂により高等学校ホームルーム活動では内容項目「(3) 学業と進路」が「(3)一人一人のキャリア形成と自己実現」に改められ，小学校にも「(3)一人一人のキャリア形成と自己実現」が新設された。このことにより小・中・高等学校の学習内容が系統的につながった。ここで留

資料（参考）

意すべきは，「ホームルーム活動(3)の充実が特別活動としての要の役割」と安易に捉えないようにすることである。前項で述べたように，あくまで，キャリア教育が育成を目指す資質・能力と特別活動が育成を目指す資質・能力とが重なっていることが要の理由である。つまり，社会的・職業的自立に必要な資質・能力を育成するためには，特別活動が固有の役割としている生徒の自発的，自治的な活動の充実も重要であることを認識しておきたい。

その上で，ホームルーム活動(3)の指導の充実を図ることが求められる。例えば，年度当初において行われる「○年生として」や，節目などに行われる「卒業に向けて」などの題材は，その中心的な内容になる。生徒は，学校だけでなく家庭や地域社会の中で生きており，各教科・科目等の授業だけでなく，学校生活や家庭生活の中で様々なことを学んだり役割を担ったりしている。したがって，ホームルーム活動(3)の授業では，これらの学びを横につないだり，将来とつないだりしながら自己の生き方について考えを深めることができるようにする必要がある。

③ 「キャリア・パスポート」の活用

	児童生徒の活動	指導の留意事項
導入	▸ねらい「これまでの「キャリア・パスポート」を他者に紹介し、自分自身の成長を再認識する」について確認 ▸これから行う活動の流れについて確認	▸多様な考えや意見を受け入れ、尊重し合う雰囲気をつくるため、相手の意見を否定しないといった「グランドルール」を確認する。
展開	▸小・中学校時に作成した「キャリア・パスポート」をもとに、グループ内で、「これまでに自分なりに努力してきたこと」など、各自の成長や変容を話し合う。 ▸グループ内の話合い活動の内容をワークシートにまとめる。 ▸クラスメイトコメントや、クラスメイトとの話し合いで感じたことや考えたことをワークシートにまとめる。	▸グループ内での話合い活動とする。 ▸時間内でグループを組み直すなど、クラス内のできるだけ多くの生徒と話し合いができる機会を確保する。 ▸振り返りを通して、自己理解や他者理解、新たな人間関係の構築につなげる。
終末	▸「高校生のみなさんへ」や「○○高等学校のみなさんへ」を読み、高等学校においてさらに伸ばしたい力を意思決定すると共に、高等学校で「キャリア・パスポート」を作成することの意義を再確認する。	▸高等学校において、授業やさまざまな行事等を通してどのような力を伸ばしたいかを意思決定させる。

左に示したのは，題材「これまでの「キャリア・パスポート」を他者に紹介し，自分自身の成長を再認識する」(第１学年) における学習過程の例である。(「キャリア・パスポート」例示資料等について H31. ３文部科学省より) ホームルーム活動(3)の指導に当たっては，高等学校学習指導要領第５章特別活動第２の３に「学校，家庭及び地域における学習や生活の見通しを立て，学んだことを振り返りながら，新たな学習や生活への意欲につなげたり，将来の在り方生き方を考えたりする活動を行うこと。その際，生徒が活動を記録し蓄積する教材等を活用すること。」と示されていることに留意し，小学校から高等学校まで蓄積していく「キャリア・パスポート」を効果的に活用できるようにする必要がある。ホームルーム活動(3)の授業の際に意思決定したことを書き込むカードなどについて，実践を振り返り，努力の状況や成果と課題などを一体にして記録できるようにし，「キャリア・パスポート」として蓄積できるようにすることも考えられる。また，「キャリア・パスポート」の生徒の記述から，取組の過程や状況を見取り，生徒理解を深めたり，学習評価の参考にしたりすることも考えられる。なお，「キャリア・パスポート」は生徒の学習活動（自己評価や相互評価）であり，それをそのまま学習評価とすることは適切でないが，学習評価の参考資料として適切に活用することにより，生徒の学習意欲の向上につなげることもできる。

資料２　指導に生かす評価

学習評価については，学習指導要領第１章総則第３款の２の（１）で「学習の過程や成果を評価し，指導の改善や学習意欲の向上を図り，資質・能力の育成に生かすようにすること」と示していることから，指導の改善に生かすという視点が重要である。学習評価を通して教師が指導の過程や方法について振り返り，より効果的な指導が行えるような工夫や改善を図っていくことが求められる。

①　各活動や行事等の検証改善に生かす学習評価

これは，ホームルーム活動，生徒会活動及び学校行事の一まとまりの取組に関するPDCAサイクルである。学校行事を例に挙げれば次のようなサイクルとなる。

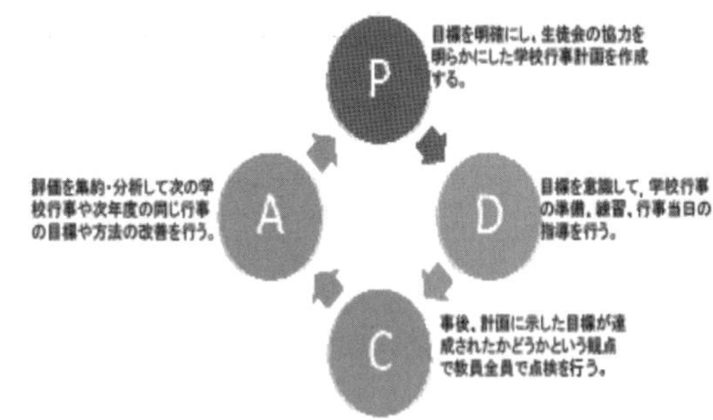

「教員の各活動や行事等の検証改善サイクル（PDCA）」（例：学校行事）

- 学校行事の目標に従い，行事の具体的な目標を設定し，行事計画を作成する（P）。
- 事前準備や活動を行い，当日の学校行事を実施する（D）。
- 事後の活動として，「学校行事カード」などを活用して，生徒の自己評価を含めた振り返りを行う。また，教師にも目標に準拠した点検アンケートを実施する。生徒の評価と教師のアンケートの集計に基づき，生徒が身に付けた資質・能力，集団や人間関係の変化などについて分析を行い，目標の達成度を判断する（C）。
- 前の行事の評価を基に，次の行事の目標や手立ての改善を図る（A）。

このサイクルは，例えば，体育祭の点検が次の合唱コンクールの計画に生かされることもあれば，体育祭の点検が翌年の体育祭の改善にも生かされるということもある。

②　年間を通した教育課程の検証改善のサイクル（PDCA）

教育課程として，特別活動の全体計画に従って，１年間のホームルーム活動，生徒会活動，学校行事を実施するが，各活動と学校行事は，それぞれ密接に関連している。生徒会活動の内容の一つである「学校行事への協力」だけをとってみても，ホームルーム活動で話し合う内容もあれば，生徒会活動として「生徒会役員会」や「各種委員会」で話し合うこともある。つまり，学校行事がどのような計画の下で行われるかが，生徒の活動場面に大きな影響を与えるのである。

そこで，次のような特別活動の全体計画及び年間指導計画そのものの検証改善サイクルが重要となる。

- 教育計画の一環としての特別活動全体計画及び各活動と学校行事の年間指導計画を作成する（P）。
- 年間指導計画に従い，各活動及び学校行事を実施する（D）。
- 教育課程評価の一環として，特別活動の評価を行う。その際，「学校が示した目標の有効性」「各活動と学校行事それぞれの実施状況」「各活動及び学校行事相互の関連の在り方」「生徒の変容」「集団の変容」「学習評価」などについて，その成果と課題を明らかにする（C）。
- 次年度の教育計画には，前の段階（C）の結果を十分に考慮し，改善を図る（A）。

巻末資料

評価規準，評価方法等の工夫改善に関する調査研究について

令和 2 年 4 月 13 日　国立教育政策研究所長裁定
令和 2 年 6 月 25 日　一　　部　　改　　正

1　趣　旨

学習評価については，中央教育審議会初等中等教育分科会教育課程部会において「児童生徒の学習評価の在り方について」（平成 31 年 1 月 21 日）の報告がまとめられ，新しい学習指導要領に対応した，各教科等の評価の観点及び評価の観点に関する考え方が示されたところである。

これを踏まえ，各小学校，中学校及び高等学校における児童生徒の学習の効果的，効率的な評価に資するため，教科等ごとに，評価規準，評価方法等の工夫改善に関する調査研究を行う。

2　調査研究事項

（1）評価規準及び当該規準を用いた評価方法に関する参考資料の作成
（2）学校における学習評価に関する取組についての情報収集
（3）上記（1）及び（2）に関連する事項

3　実施方法

調査研究に当たっては，教科等ごとに教育委員会関係者，教師及び学識経験者等を協力者として委嘱し，2の事項について調査研究を行う。

4　庶　務

この調査研究にかかる庶務は，教育課程研究センターにおいて処理する。

5　実施期間

令和２年５月１日～令和３年３月 31 日
令和３年４月 16 日～令和４年３月 31 日

評価規準，評価方法等の工夫改善に関する調査研究協力者（五十音順）

（職名は令和３年４月現在）

秋森　　学	一般社団法人高知県サッカー協会副会長兼専務理事 （前高知県立岡豊高等学校長）
神谷　百恵	沖縄県立北中城高等学校教諭
京免　徹雄	筑波大学助教
酒井　淳平	立命館宇治中学校・高等学校教諭
舘　龍之介	北海道札幌西高等学校教諭

国立教育政策研究所においては，次の関係官が担当した。

長田　　徹	国立教育政策研究所教育課程研究センター研究開発部教育課程調査官 国立教育政策研究所生徒指導・進路指導研究センター総括研究官

この他，本書編集の全般にわたり，国立教育政策研究所において以下の者が担当した。

鈴木　敏之	国立教育政策研究所教育課程研究センター長 （令和２年７月１日から）
笹井　弘之	国立教育政策研究所教育課程研究センター長 （令和２年６月 30 日まで）
杉江　達也	国立教育政策研究所教育課程研究センター研究開発部副部長 （令和３年４月１日から）
清水　正樹	国立教育政策研究所教育課程研究センター研究開発部副部長 （令和３年３月 31 日まで）
新井　敬二	国立教育政策研究所教育課程研究センター研究開発部研究開発課長 （令和３年４月１日から令和３年７月 31 日まで）
岩城由紀子	国立教育政策研究所教育課程研究センター研究開発部研究開発課長 （令和３年３月 31 日まで）
間宮　弘介	国立教育政策研究所教育課程研究センター研究開発部研究開発課指導係長
奥田　正幸	国立教育政策研究所教育課程研究センター研究開発部研究開発課指導係専門職 （令和３年３月 31 日まで）
髙辻　正明	国立教育政策研究所教育課程研究センター研究開発部教育課程特別調査員
前山　大樹	国立教育政策研究所教育課程研究センター研究開発部教育課程特別調査員 （令和３年４月１日から）

学習指導要領等関係資料について

学習指導要領等の関係資料は以下のとおりです。いずれも，文部科学省や国立教育政策研究所のウェブサイトから閲覧が可能です。スマートフォンなどで閲覧する際は，以下の二次元コードを読み取って，資料に直接アクセスすることが可能です。本書と併せて是非御覧ください。

① 学習指導要領，学習指導要領解説　等
② 中央教育審議会答申「幼稚園，小学校，中学校，高等学校及び特別支援学校の学習指導要領等の改善及び必要な方策等について」(平成 28 年 12 月 21 日)
③ 中央教育審議会初等中等教育分科会教育課程部会報告「児童生徒の学習評価の在り方について」(平成 31 年 1 月 21 日)
④ 小学校，中学校，高等学校及び特別支援学校等における児童生徒の学習評価及び指導要録の改善等について(平成 31 年 3 月 29 日 30 文科初第 1845 号初等中等教育局長通知)

※各教科等の評価の観点等及びその趣旨や指導要録(参考様式)は，同通知に掲載。

⑤ 学習評価の在り方ハンドブック(小・中学校編)(令和元年 6 月)
⑥ 学習評価の在り方ハンドブック(高等学校編)(令和元年 6 月)
⑦ 平成 29 年改訂の小・中学校学習指導要領に関する Q&A
⑧ 平成 30 年改訂の高等学校学習指導要領に関する Q&A
⑨ 平成 29・30 年改訂の学習指導要領下における学習評価に関する Q&A

学習評価の在り方ハンドブック

高等学校編

学習指導要領　学習指導要領解説
学習評価の基本的な考え方
学習評価の基本構造
総合的な探究の時間及び特別活動の評価について
観点別学習状況の評価について
学習評価の充実
Q&A　－先生方の質問にお答えします－

文部科学省　国立教育政策研究所教育課程研究センター

学習指導要領

学習指導要領とは，国が定めた「教育課程の基準」です。

（学校教育法施行規則第52条，74条,84条及び129条等より）

■学習指導要領の構成

〈高等学校の例〉

前文　第1章　総則
第2章　各学科に共通する各教科
第1節　国語
第2節　地理歴史
第3節　公民
第4節　数学
第5節　理科
第6節　保健体育
第7節　芸術
第8節　外国語
第9節　家庭
第10節　情報
第11節　理数
第3章　主として専門学科において開設される各教科
第1節　農業
第2節　工業
第3節　商業
第4節　水産
第5節　家庭
第6節　看護
第7節　情報
第8節　福祉
第9節　理数
第10節　体育
第11節　音楽
第12節　美術
第13節　英語
第4章　総合的な探究の時間
第5章　特別活動

総則は，以下の項目で整理され，全ての教科等に共通する事項が記載されています。

- ●第1款　高等学校教育の基本と教育課程の役割
- ●第2款　教育課程の編成
- ●第3款　教育課程の実施と学習評価
- ●第4款　単位の修得及び卒業の認定
- ●第5款　生徒の発達の支援
- ●第6款　学校運営上の留意事項
- ●第7款　道徳教育に関する配慮事項

学習評価の実施に当たっての配慮事項

各教科等の目標，内容等が記載されています。

（例）第1節　国語

- ●第1款　目標
- ●第2款　各科目
- ●第3款　各科目にわたる指導計画の作成と内容の取扱い

平成30年改訂学習指導要領の各教科等の目標や内容は，教育課程全体を通して育成を目指す資質・能力の三つの柱に基づいて再整理されています。

ア　何を理解しているか，何ができるか
（生きて働く「知識・技能」の習得）
※職業に関する教科については，「知識・技術」

イ　理解していること・できることをどう使うか（未知の状況にも対応できる「思考力・判断力・表現力等」の育成）

ウ　どのように社会・世界と関わり，よりよい人生を送るか
（学びを人生や社会に生かそうとする「学びに向かう力・人間性等」の涵養）

平成30年改訂「高等学校学習指導要領」より

詳しくは，文部科学省Webページ「学習指導要領のくわしい内容」をご覧ください。
（http://www.mext.go.jp/a_menu/shotou/new-cs/1383986.htm）

学習指導要領解説

　学習指導要領解説とは，大綱的な基準である学習指導要領の記述の意味や解釈などの詳細について説明するために，文部科学省が作成したものです。

■学習指導要領解説の構成

〈高等学校 国語編の例〉

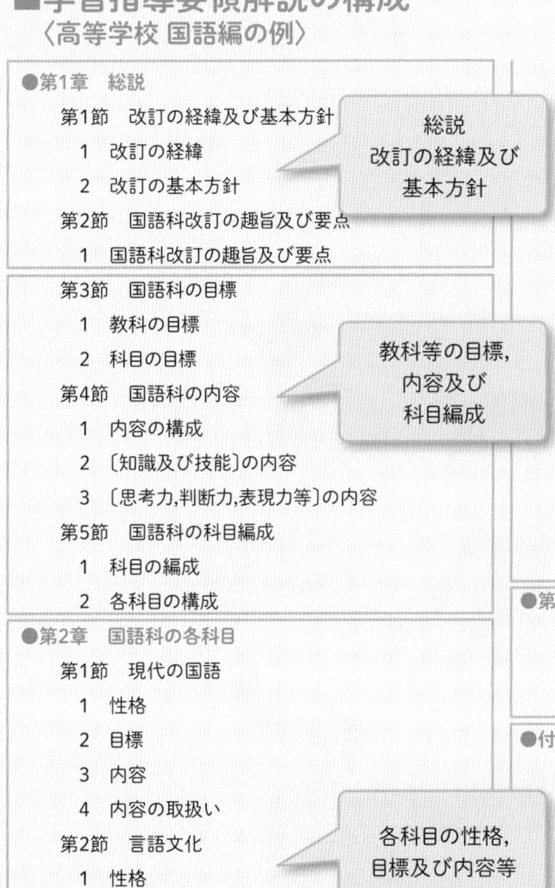

●第1章　総説
第1節　改訂の経緯及び基本方針
1　改訂の経緯
2　改訂の基本方針
第2節　国語科改訂の趣旨及び要点
1　国語科改訂の趣旨及び要点

（総説 改訂の経緯及び基本方針）

第3節　国語科の目標
1　教科の目標
2　科目の目標
第4節　国語科の内容
1　内容の構成
2　〔知識及び技能〕の内容
3　〔思考力,判断力,表現力等〕の内容
第5節　国語科の科目編成
1　科目の編成
2　各科目の構成

（教科等の目標，内容及び科目編成）

●第2章　国語科の各科目
第1節　現代の国語
1　性格
2　目標
3　内容
4　内容の取扱い
第2節　言語文化
1　性格
2　目標
3　内容
4　内容の取扱い
第3節　論理国語
1　性格
2　目標
3　内容
4　内容の取扱い
第4節　文学国語
1　性格
2　目標
3　内容
4　内容の取扱い
第5節　国語表現
1　性格
2　目標
3　内容
4　内容の取扱い
第6節　古典探究
1　性格
2　目標
3　内容
4　内容の取扱い

（各科目の性格，目標及び内容等）

●第3章　各科目にわたる指導計画の作成と内容の取扱い
1　指導計画作成上の配慮事項
2　内容の取扱いに当たっての配慮事項
3　総則関連事項

（指導計画作成や内容の取扱いに係る配慮事項）

●付録
付録1：学校教育施行規則（抄）
付録2：高等学校学習指導要領　第1章　総則
付録3：高等学校学習指導要領　第2章　第1節　国語
付録4：教科の目標，各科目の目標及び内容の系統表（高等学校国語科）
付録5：中学校学習指導要領　第2章　第1節　国語
付録6：教科の目標，各学年の目標及び内容の系統表（小・中学校国語科）
付録7：高等学校学習指導要領　第2章　第8節　外国語
付録8：小・中学校のおける「道徳の内容」の学年段階・学校段階の一覧表

（参考（系統性等））

「高等学校学習指導要領解説 国語編」より

※「総則編」，「総合的な探究の時間編」及び「特別活動編」は異なった構成となっています。

教師は，学習指導要領で定めた資質・能力が，生徒に確実に育成されているかを評価します

学習評価の基本的な考え方

学習評価は，学校における教育活動に関し，生徒の学習状況を評価するものです。「生徒にどういった力が身に付いたか」という学習の成果を的確に捉え，**教師が指導の改善を図る**とともに，**生徒自身が自らの学習を振り返って次の学習に向かうことができるようにする**ためにも，学習評価の在り方は重要であり，教育課程や学習・指導方法の改善と一貫性のある取組を進めることが求められます。

カリキュラム・マネジメントの一環としての指導と評価

各学校は，日々の授業の下で生徒の学習状況を評価し，その結果を生徒の学習や教師による指導の改善や学校全体としての教育課程の改善，校務分掌を含めた組織運営等の改善に生かす中で，学校全体として組織的かつ計画的に教育活動の質の向上を図っています。

このように，「学習指導」と「学習評価」は学校の教育活動の根幹であり，教育課程に基づいて組織的かつ計画的に教育活動の質の向上を図る「カリキュラム・マネジメント」の中核的な役割を担っています。

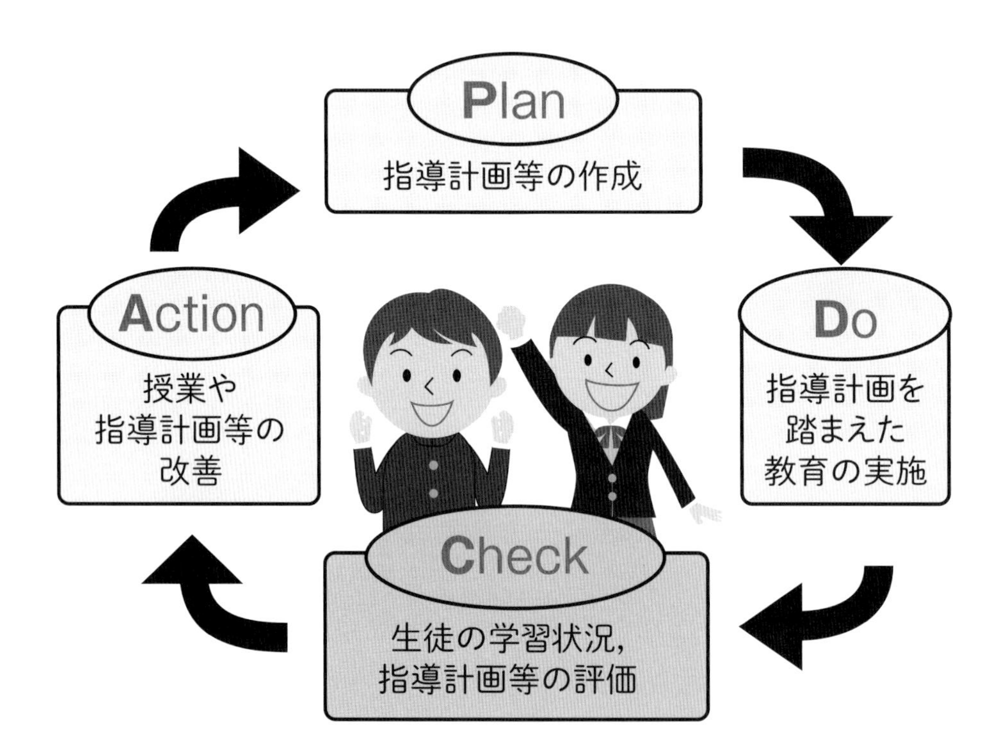

主体的・対話的で深い学びの視点からの授業改善と評価

指導と評価の一体化を図るためには，生徒一人一人の学習の成立を促すための評価という視点を一層重視することによって，教師が自らの指導のねらいに応じて授業の中での生徒の学びを振り返り，学習や指導の改善に生かしていくというサイクルが大切です。平成30年改訂学習指導要領で重視している「主体的・対話的で深い学び」の視点からの授業改善を通して，各教科等における資質・能力を確実に育成する上で，学習評価は重要な役割を担っています。

- ☑ 教師の指導改善に つながるものにしていくこと
- ☑ 生徒の学習改善に つながるものにしていくこと
- ☑ これまで慣行として行われてきたことでも，必要性・妥当性が認められないものは見直していくこと

次の授業では
〇〇を重点的に
指導しよう。

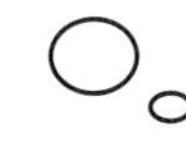

〇〇のところは
もっと～した方が
よいですね。

詳しくは，平成31年3月29日文部科学省初等中等教育局長通知「小学校,中学校,高等学校及び特別支援学校等における児童生徒の学習評価及び指導要録の改善等について（通知）」をご覧ください。
（http://www.mext.go.jp/b_menu/hakusho/nc/1415169.htm）

コラム

評価に戸惑う生徒の声

「先生によって観点の重みが違うんです。授業態度をとても重視する先生もいるし，テストだけで判断するという先生もいます。そうすると，どう努力していけばよいのか本当に分かりにくいんです。」（中央教育審議会初等中等教育分科会教育課程部会 児童生徒の学習評価に関するワーキンググループ第7回における高等学校3年生の意見より）

あくまでこれは一部の意見ですが，学習評価に対する生徒のこうした意見には，適切な評価を求める切実な思いが込められています。そのような生徒の声に応えるためにも，教師は，生徒への学習状況のフィードバックや，授業改善に生かすという評価の機能を一層充実させる必要があります。教師と生徒が共に納得する学習評価を行うためには，評価規準を適切に設定し，評価の規準や方法について，教師と生徒及び保護者で共通理解を図るガイダンス的な機能と，生徒の自己評価と教師の評価を結び付けていくカウンセリング的な機能を充実させていくことが重要です。

Column

学習評価の基本構造

平成30年改訂で，学習指導要領の目標及び内容が資質・能力の三つの柱で再整理されたことを踏まえ，各教科における観点別学習状況の評価の観点については，「知識・技能」,「思考・判断・表現」,「主体的に学習に取り組む態度」の3観点に整理されています。

「学びに向かう力，人間性等」には
①「主体的に学習に取り組む態度」として観点別評価（学習状況を分析的に捉える）を通じて見取ることができる部分と，
②観点別評価や評定にはなじまず，こうした評価では示しきれないことから個人内評価を通じて見取る部分があります。

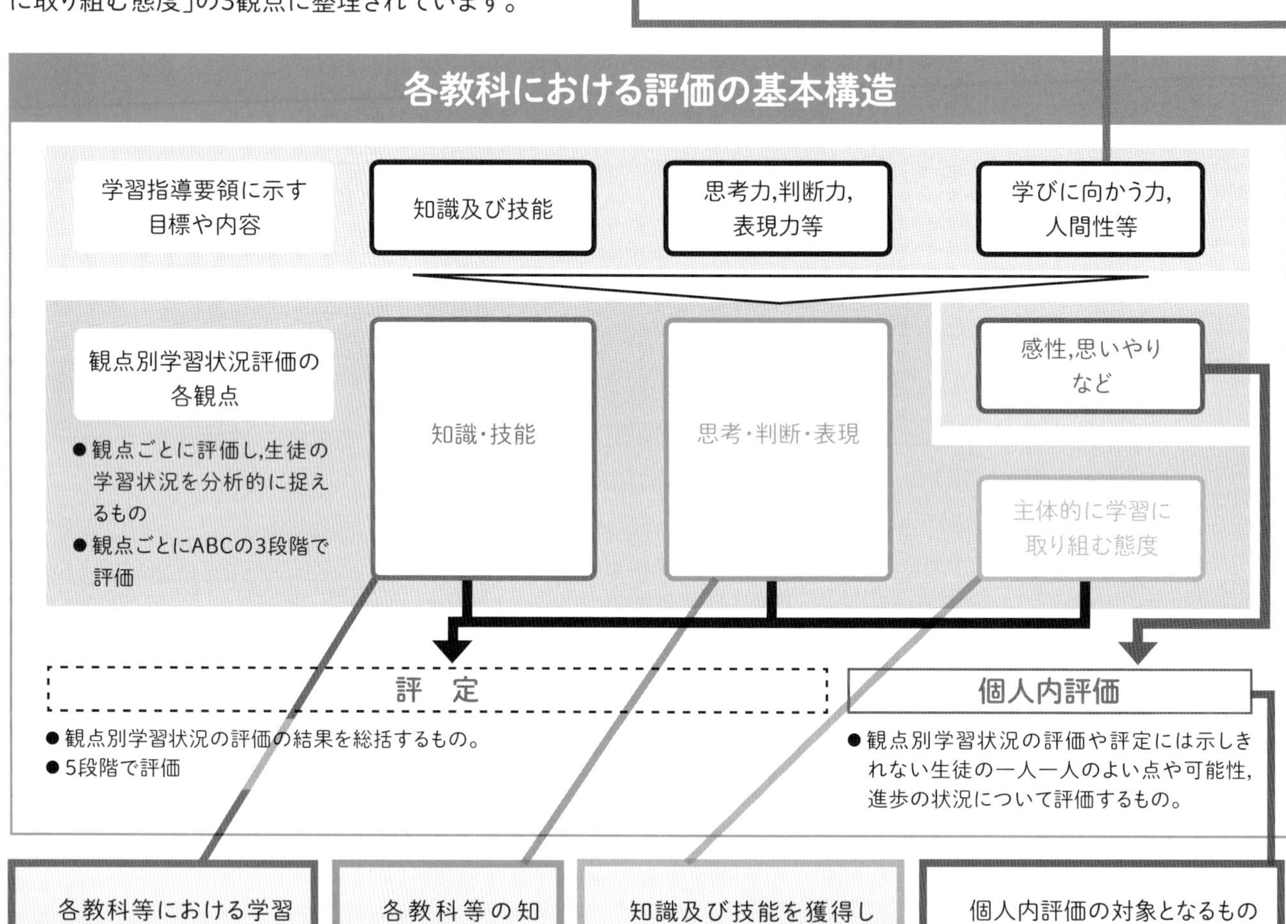

各教科等における学習の過程を通した知識及び技能の習得状況について評価を行うとともに，それらを既有の知識及び技能と関連付けたり活用したりする中で，他の学習や生活の場面でも活用できる程度に概念等を理解したり，技能を習得したりしているかを評価します。

各教科等の知識及び技能を活用して課題を解決する等のために必要な思考力，判断力，表現力等を身に付けているかどうかを評価します。

知識及び技能を獲得したり，思考力，判断力，表現力等を身に付けたりするために，自らの学習状況を把握し，学習の進め方について試行錯誤するなど自らの学習を調整しながら，学ぼうとしているかどうかという意思的な側面を評価します。

個人内評価の対象となるものについては，生徒が学習したことの意義や価値を実感できるよう，日々の教育活動等の中で生徒に伝えることが重要です。特に，「学びに向かう力，人間性等」のうち「感性や思いやり」など生徒一人一人のよい点や可能性，進歩の状況などを積極的に評価し生徒に伝えることが重要です。

詳しくは，平成31年1月21日文部科学省中央教育審議会初等中等教育分科会教育課程部会「児童生徒の学習評価の在り方について（報告）」をご覧ください。
(http://www.mext.go.jp/b_menu/shingi/chukyo/chukyo3/004/gaiyou/1412933.htm)

総合的な探究の時間及び特別活動の評価について

総合的な探究の時間，特別活動についても，学習指導要領等で示したそれぞれの目標や特質に応じ，適切に評価します。

総合的な探究の時間

総合的な探究の時間の評価の観点については，学習指導要領に示す「第1 目標」を踏まえ，各学校において具体的に定めた目標，内容に基づいて，以下を参考に定めることとしています。

知識・技能

探究の過程において，課題の発見と解決に必要な知識及び技能を身に付け，課題に関わる概念を形成し，探究の意義や価値を理解している。

思考・判断・表現

実社会や実生活と自己との関わりから問いを見いだし，自分で課題を立て，情報を集め，整理・分析して，まとめ・表現している。

主体的に学習に取り組む態度

探究に主体的・協働的に取り組もうとしているとともに，互いのよさを生かしながら，新たな価値を創造し，よりよい社会を実現しようとしている。

この3つの観点に則して生徒の学習状況を見取ります。

特別活動

従前，高等学校等における特別活動において行った生徒の活動の状況については，主な事実及び所見を文章で記述することとされてきたところ，文章記述を改め，各学校が設定した観点を記入した上で，活動・学校行事ごとに，評価の観点に照らして十分満足できる活動の状況にあると判断される場合に，○印を記入することとしています。

評価の観点については，特別活動の特質と学校の創意工夫を生かすということから，設置者ではなく，各学校が評価の観点を定めることとしています。その際，学習指導要領等に示す特別活動の目標や学校として重点化した内容を踏まえ，例えば以下のように，具体的に観点を示すことが考えられます。

特別活動の記録					
内容	観点　学年	1	2	3	4
ホームルーム活動	よりよい生活や社会を構築するための知識・技能 集団や社会の形成者としての思考・判断・表現 主体的に生活や社会，人間関係をよりよく構築しようとする態度	○		○	
生徒会活動			○		
学校行事			○	○	

高等学校生徒指導要録（参考様式）様式2の記入例　（3年生の例）

各学校で定めた観点を記入した上で，内容ごとに，十分満足できる状況にあると判断される場合に，○印を記入します。

○印をつけた具体的な活動の状況等については，「総合所見及び指導上参考となる諸事項」の欄に簡潔に記述することで，評価の根拠を記録に残すことができます。

なお，特別活動は，ホームルーム担任以外の教師が指導することも多いことから，評価体制を確立し，共通理解を図って，生徒のよさや可能性を多面的・総合的に評価するとともに，指導の改善に生かすことが求められます。

観点別学習状況の評価について

観点別学習状況の評価とは，学習指導要領に示す目標に照らして，その実現状況がどのようなものであるかを，観点ごとに評価し，生徒の学習状況を分析的に捉えるものです。

「知識・技能」の評価の方法

「知識・技能」の評価の考え方は，従前の評価の観点である「知識・理解」，「技能」においても重視してきたところです。具体的な評価方法としては，例えばペーパーテストにおいて，事実的な知識の習得を問う問題と，知識の概念的な理解を問う問題とのバランスに配慮するなどの工夫改善を図る等が考えられます。また,生徒が文章による説明をしたり，各教科等の内容の特質に応じて，観察・実験をしたり，式やグラフで表現したりするなど実際に知識や技能を用いる場面を設けるなど，多様な方法を適切に取り入れていくこと等も考えられます。

「思考・判断・表現」の評価の方法

「思考・判断・表現」の評価の考え方は，従前の評価の観点である「思考・判断・表現」においても重視してきたところです。具体的な評価方法としては，ペーパーテストのみならず，論述やレポートの作成，発表，グループでの話合い，作品の制作や表現等の多様な活動を取り入れたり，それらを集めたポートフォリオを活用したりするなど評価方法を工夫することが考えられます。

「主体的に学習に取り組む態度」の評価の方法

具体的な評価方法としては，ノートやレポート等における記述，授業中の発言，教師による行動観察や，生徒による自己評価や相互評価等の状況を教師が評価を行う際に考慮する材料の一つとして用いることなどが考えられます。その際，各教科等の特質に応じて，生徒の発達の段階や一人一人の個性を十分に考慮しながら，「知識・技能」や「思考・判断・表現」の観点の状況を踏まえた上で，評価を行う必要があります。

「主体的に学習に取り組む態度」の評価のイメージ

○「主体的に学習に取り組む態度」の評価については,①知識及び技能を獲得したり,思考力,判断力,表現力等を身に付けたりすることに向けた粘り強い取組を行おうとする側面と,②①の粘り強い取組を行う中で,自らの学習を調整しようとする側面,という二つの側面から評価することが求められる。

○これら①②の姿は実際の教科等の学びの中では別々ではなく相互に関わり合いながら立ち現れるものと考えられる。例えば,自らの学習を全く調整しようとせず粘り強く取り組み続ける姿や,粘り強さが全くない中で自らの学習を調整する姿は一般的ではない。

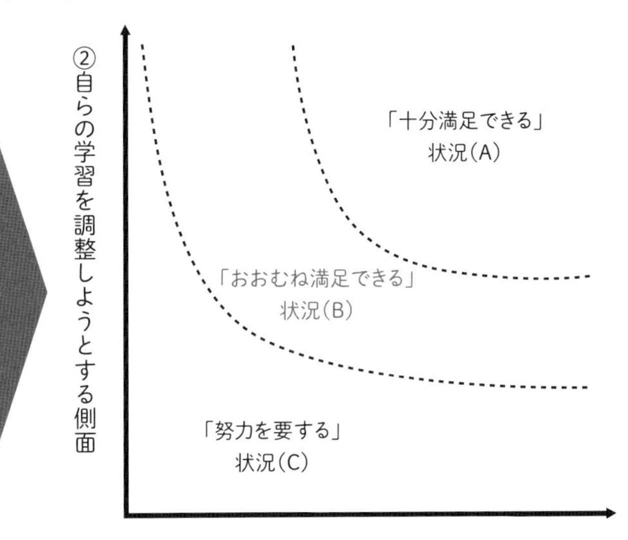

ここでの評価は,その学習の調整が「適切に行われるか」を必ずしも判断するものではなく,学習の調整が知識及び技能の習得などに結びついていない場合には,教師が学習の進め方を適切に指導することが求められます。

「自らの学習を調整しようとする側面」とは…

自らの学習状況を把握し,学習の進め方について試行錯誤するなどの意思的な側面のことです。評価に当たっては,生徒が自らの理解の状況を振り返ることができるような発問の工夫をしたり,自らの考えを記述したり話し合ったりする場面,他者との協働を通じて自らの考えを相対化する場面を,単元や題材などの内容のまとまりの中で設けたりするなど,「主体的・対話的で深い学び」の視点からの授業改善を図る中で,適切に評価できるようにしていくことが重要です。

「主体的に学習に取り組む態度」は,「関心・意欲・態度」と同じ趣旨ですが…

～こんなことで評価をしていませんでしたか?～

平成31年1月21日文部科学省中央教育審議会初等中等教育分科会教育課程部会「児童生徒の学習評価の在り方について(報告)」では,学習評価について指摘されている課題として,「関心・意欲・態度」の観点について「学校や教師の状況によっては,挙手の回数や毎時間ノートを取っているかなど,性格や行動面の傾向が一時的に表出された場面を捉える評価であるような誤解が払拭し切れていない」ということが指摘されました。これを受け,従来から重視されてきた各教科等の学習内容に関心をもつことのみならず,よりよく学ぼうとする意欲をもって学習に取り組む態度を評価するという趣旨が改めて強調されました。

Column

学習評価の充実

学習評価の妥当性,信頼性を高める工夫の例

- 評価規準や評価方法について,事前に教師同士で検討するなどして明確にすること,評価に関する実践事例を蓄積し共有していくこと,評価結果についての検討を通じて評価に係る教師の力量の向上を図ることなど,学校として組織的かつ計画的に取り組む。
- 学校が生徒や保護者に対し,評価に関する仕組みについて事前に説明したり,評価結果についてより丁寧に説明したりするなど,評価に関する情報をより積極的に提供し生徒や保護者の理解を図る。

評価時期の工夫の例

- 日々の授業の中では生徒の学習状況を把握して指導に生かすことに重点を置きつつ,各教科における「知識・技能」及び「思考・判断・表現」の評価の記録については,原則として単元や題材などのまとまりごとに,それぞれの実現状況が把握できる段階で評価を行う。
- 学習指導要領に定められた各教科等の目標や内容の特質に照らして,複数の単元や題材などにわたって長期的な視点で評価することを可能とする。

学年や学校間の円滑な接続を図る工夫の例

- 「キャリア・パスポート」を活用し,生徒の学びをつなげることができるようにする。
- 入学者選抜の方針や選抜方法の組合せ,調査書の利用方法,学力検査の内容等について見直しを図る。
- 大学入学者選抜において用いられる調査書を見直す際には,観点別学習状況の評価について記載する。
- 大学入学者選抜については,高等学校における指導の在り方の本質的な改善を促し,また,大学教育の質的転換を大きく加速し,高等学校教育・大学教育を通じた改革の好循環をもたらすものとなるような改革を進めることが考えられる。

評価方法の工夫の例

高校生のための学びの基礎診断の認定ツールを活用した例

高校生のための学びの基礎診断とは，高校段階における生徒の基礎学力の定着度合いを測定する民間の試験等を文部科学省が一定の要件に適合するものとして認定する仕組みで，平成30年度から制度がスタートしています。学習指導要領を踏まえた出題の基本方針に基づく問題設計や，主として思考力・判断力・表現力等を問う問題の出題等が認定基準となっています。受検結果等から，生徒の課題等を把握し，自らの指導や評価の改善につなげることも考えられます。

詳しくは，文部科学省Webページ「高校生のための学びの基礎診断」をご覧ください。
(http://www.mext.go.jp/a_menu/shotou/kaikaku/1393878.htm)

評価の方法の共有で働き方改革

ペーパーテスト等のみにとらわれず，一人一人の学びに着目して評価をすることは，教師の負担が増えることのように感じられるかもしれません。しかし，生徒の学習評価は教育活動の根幹であり，「カリキュラム・マネジメント」の中核的な役割を担っています。その際，助けとなるのは，教師間の協働と共有です。

評価の方法やそのためのツールについての悩みを一人で抱えることなく，学校全体や他校との連携の中で，計画や評価ツールの作成を分担するなど，これまで以上に協働と共有を進めれば，教師一人当たりの量的・時間的・精神的な負担の軽減につながります。風通しのよい評価体制を教師間で作っていくことで，評価方法の工夫改善と働き方改革にもつながります。

「指導と評価の一体化の取組状況」

A:学習評価を通じて，学習評価のあり方を見直すことや個に応じた指導の充実を図るなど，指導と評価の一体化に学校全体で取り組んでいる。

B:指導と評価の一体化の取組は，教師個人に任されている。

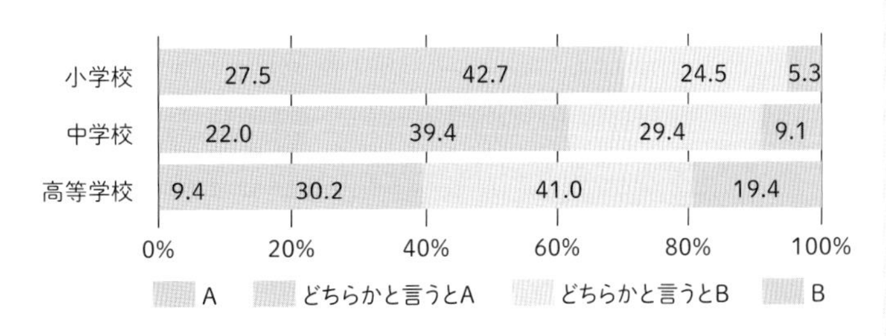

（平成29年度文部科学省委託調査「学習指導と学習評価に対する意識調査」より）

Column

Q&A －先生方の質問にお答えします－

Q1 1回の授業で，3つの観点全てを評価しなければならないのですか。

A. 学習評価については，日々の授業の中で生徒の学習状況を適宜把握して指導の改善に生かすことに重点を置くことが重要です。したがって観点別学習状況の評価の記録に用いる評価については，毎回の授業ではなく原則として単元や題材などの内容や時間のまとまりごとに，それぞれの実現状況を把握できる段階で行うなど，その場面を精選することが重要です。

Q2 「十分満足できる」状況（A）はどのように判断したらよいのですか。

A. 各教科において「十分満足できる」状況（A）と判断するのは，評価規準に照らし，生徒が実現している学習の状況が質的な高まりや深まりをもっていると判断される場合です。「十分満足できる」状況（A）と判断できる生徒の姿は多様に想定されるので，学年会や教科部会等で情報を共有することが重要です。

Q3 高等学校における観点別評価の在り方で、留意すべきことは何ですか？

A. これまでも，高等学校における学習評価では，生徒一人一人に対して観点別評価と生徒へのフィードバックが行われてきましたが，指導要録の参考様式に観点別学習状況の記載欄がなかったこともあり，指導要録に観点別学習状況を記録している高等学校は13.3%にとどまっていました（平成29年度文部科学省委託調査「学習指導と学習評価に対する意識調査」より）。平成31年3月29日文部科学省初等中等教育局長通知「小学校,中学校,高等学校及び特別支援学校等における児童生徒の学習評価及び指導要録の改善等について（通知）」における観点別学習状況の評価に係る説明が充実したことと指導要録の参考様式に記載欄が設けられたことを踏まえ，高等学校では観点別学習状況の評価を更に充実し，その質を高めることが求められます。

Q4 評定以外の学習評価についても保護者の理解を得るにはどのようにすればよいのでしょうか。

A. 保護者説明会等において，学習評価に関する説明を行うことが効果的です。各教科等における成果や課題を明らかにする「観点別学習状況の評価」と，教育課程全体を見渡した学習状況を把握することが可能な「評定」について，それぞれの利点や，上級学校への入学者選抜に係る調査書のねらいや活用状況を明らかにすることは，保護者との共通理解の下で生徒への指導を行っていくことにつながります。

Q5 障害のある生徒の学習評価について，どのようなことに配慮すべきですか。

A. 学習評価に関する基本的な考え方は，障害のある生徒の学習評価についても変わるものではありません。このため，障害のある生徒については，特別支援学校等の助言または援助を活用しつつ，個々の生徒の障害の状態等に応じた指導内容や指導方法の工夫を行い，その評価を適切に行うことが必要です。また，指導要録の通級による指導に関して記載すべき事項が個別の指導計画に記載されている場合には，その写しをもって指導要録への記入に替えることも可能としました。

令和元年6月
文部科学省　国立教育政策研究所教育課程研究センター
〒100-8951 東京都千代田区霞が関3丁目2番2号　TEL 03-6733-6833（代表）

「指導と評価の一体化」のための
学習評価に関する参考資料
【高等学校　特別活動】

令和 3 年 11 月 12 日　　初版発行

著作権所有　　国立教育政策研究所
教育課程研究センター

発 行 者　　東京都文京区本駒込 5 丁目 16 番 7 号
株式会社　東洋館出版社
代表者　錦織　圭之介

印 刷 者　　大阪市住之江区中加賀屋 4 丁目 2 番 10 号
岩岡印刷株式会社

発 行 所　　東京都文京区本駒込 5 丁目 16 番 7 号
株式会社　東洋館出版社
電話　03-3823-9206

ISBN978-4-491-04714-0　　定価：本体 1,500 円
（税込 1,650 円）税 10%